お寺でつながる多文化共生

在日ベトナム人の信仰と地域との関わり

清藤隆春◉著

明石書店

まえがき

以前ベトナムのホーチミンを訪れた際、通訳さんと一緒に仏教寺院へ足を運ぶとそこには数えきれないほどの若者で溢れていた。若者がお坊さんと一緒に嬉しそうに記念写真を撮り、お坊さんから配られた経典を大事そうに鞄にしまう姿に目を奪われた。当寺院にしばらく通ってみたが、この光景は特に珍しいことではないようだった。日本では若者の「お寺離れ」が進んでいるため、このベトナムの仏教寺院の様相は日本の仏教寺院とは随分と異なるものであり大変驚いたことを覚えている。

グローバリゼーションの進む現代、日本では労働力不足を補う国の政策として来日する技能実習生などの若いベトナム人たちの数が急増している。ベトナム人の労働者数は10年前には約6万人であったが、直近のデータでは51万人を超えるなど10年間で10倍近く増えている。さかのぼるとベトナム人の主な受入れの歴史としては、１９７０年代にベトナム戦争から難を逃れて命からがら海を渡ってきたベトナム難民が挙げられる。彼らは主に関東や関西の都市部に集住して生活を送ったが、その後その地域にはベトナム仏教寺院が建立されていった。それ以来ベトナム仏教寺院は在日ベトナム人仏教徒の信仰継続の場、そして同郷の者たちが集う場として機能していった。

しかし、近年技能実習生などとして来日する若いベトナム人は都市部よりもむしろ労働力の不足する地方部に暮らしている。在日ベトナム人の数に比べてベトナム仏教寺院の数が足りていないと言われるが、地方部にはベトナム仏教寺院は存在すらしていない。「果たして、日本の地方部に暮らす若いベトナム人仏教徒は、仏教の信仰生活を継続できているのだろうか？地域の人たちと関係性を構築しながら心の拠り所をもって生活できているのだろうか？」これが本研究を始めようと思った私の動機である。

多文化共生の実現化へ向けては、特に地域住民の外国人に対する偏見を取り除くことが不可欠であるとされ、その方策として地域社会で異文化間の相互理解を促進させる協働活動の「国際共修」（＝多文化共修）が近年注目されている。また、日本の各地にはお寺（以下「地域仏教寺院」という）が存在し、仏教徒の信仰の場でありながら地域社会のハブ的な役割を古くから担ってきた歴史がある。その公共的機能が近年見直され、再活性化していることを踏まえると、外国人仏教徒の信仰継続や地域での国際共修において地域仏教寺院の関わりが重要な鍵になってくるのではないかと考えるようになった。

そこで、本研究では、日本における外国人仏教徒との多文化共生の実現に向けて、外国人のライフラインともいうべき地域日本語教室の活動、地域仏教寺院主催の外国人仏教徒の信仰継続を目的とした活動や国際共修の実態を明らかにしていく。この解明に向けて、「仏教徒のベトナム人技能実習生は地域でどのような心の拠り所をもって生活しているか（第1研究）」、「地域仏教寺院主催のベトナム仏教法要はベトナム人仏教徒の信仰や対人関係にどのような影響を与えるか（第2研究）」、「地域仏教寺院の関わる国際共修はベトナム人仏教徒の信仰や対人関係にどのような影響を与えるか（第3研究）」の3つを研究課題とした。第1研究ではインタビュー調査をもとに質的および量的分析を行い、第2研究と第3研究ではインタビュー調査をもとに質的分析を行い、考察を加えていく。

当然、本研究で明らかになることはわずかであり今後の課題も多いが、信仰する宗教の生活習慣を大切に思う外国人が今後増えていくことの予想される中で、本書がとりわけ外国人仏教徒との多文化共生をいかに実現させていくかを考える一助となるのであれば幸いである。

お寺でつながる多文化共生
―在日ベトナム人の信仰と地域との関わり―

目次

第1章

序論

本研究は、日本における外国人仏教徒との多文化共生の実現に向けて、地域仏教寺院の社会関係資本に注目し、外国人仏教徒の信仰継続を目的とした活動や地域住民との国際共修の実態を明らかにするものである。本章では、本研究を行うにあたっての、研究の背景、研究の目的、研究の意義、用語の定義、理論的枠組み、本書の構成について述べていくこととする。

1-1 研究の背景

1-1-1 外国人受入れの現状

現代の日本社会において、少子高齢化による労働者人口の減少などを背景として、外国人労働者数が増加している。図1-1は、厚生労働省（2015〜2024）をもとに、直近10年間の日本における外国人労働者数の推移を示したものである。2014年の外国人労働者数は78万7627人だったが、5年後の2019年には150万人を超えて165万8804人となった。新型コロナウイルスの影響で2020年から2021年にかけての伸び率は下がったものの、2023年には200万を超えて204万8675人となり、2007年の届出義務化以降で過去最高の数値を記録した。図1-2は、厚生労働省（2015〜2024）をもとに、直近10年間の国籍別の外国人労働者数の推移を示したものである。ベトナム人は2014年こそわずか6万1168人で第4位だったが、2015年には11万13人にまで増え、前年第2位

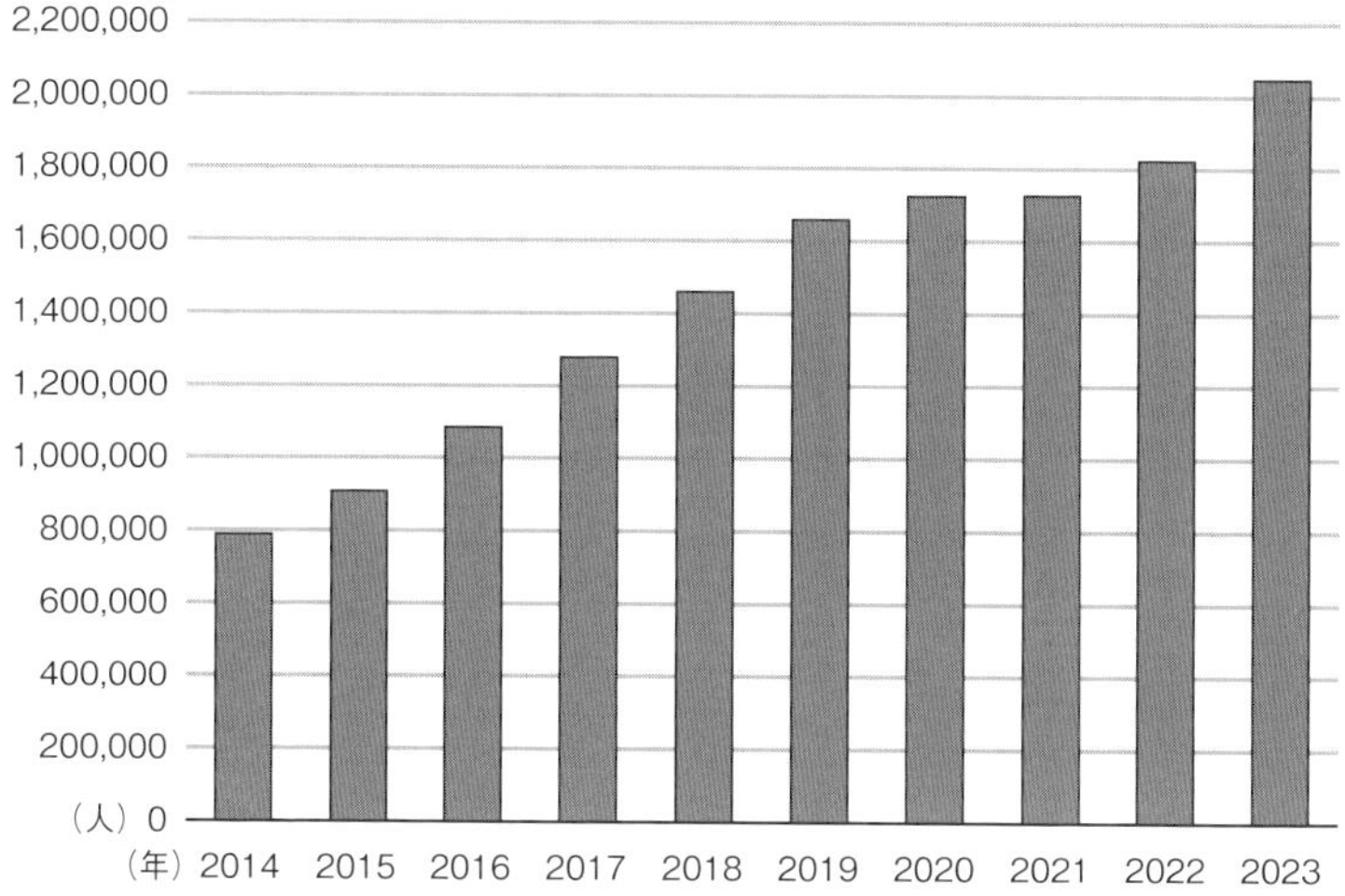

図１－１　外国人労働者数の推移
厚生労働省（2015～2024）をもとに筆者作成

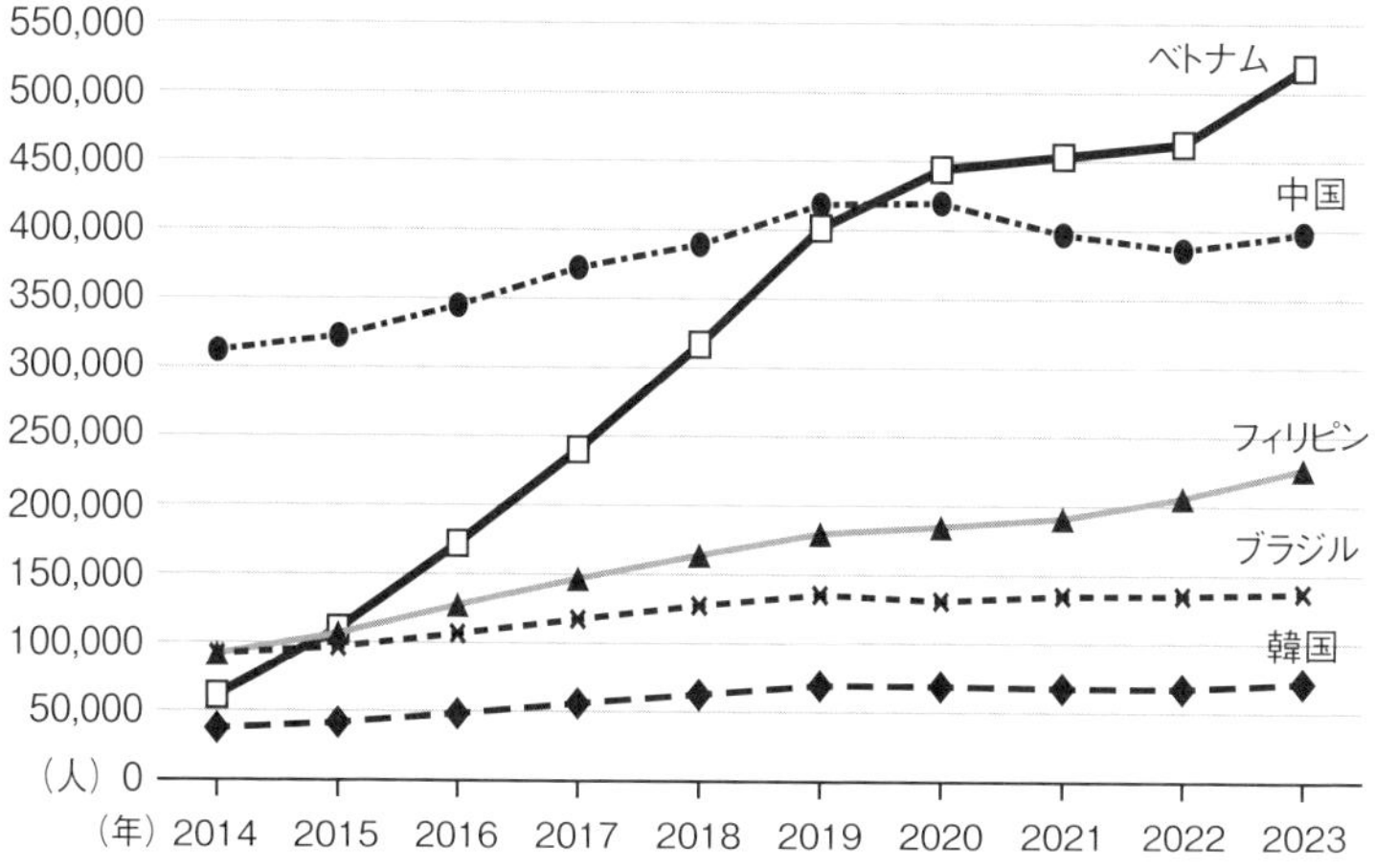

図１－２　国籍別外国人労働者数の推移
厚生労働省（2015～2024）をもとに筆者作成

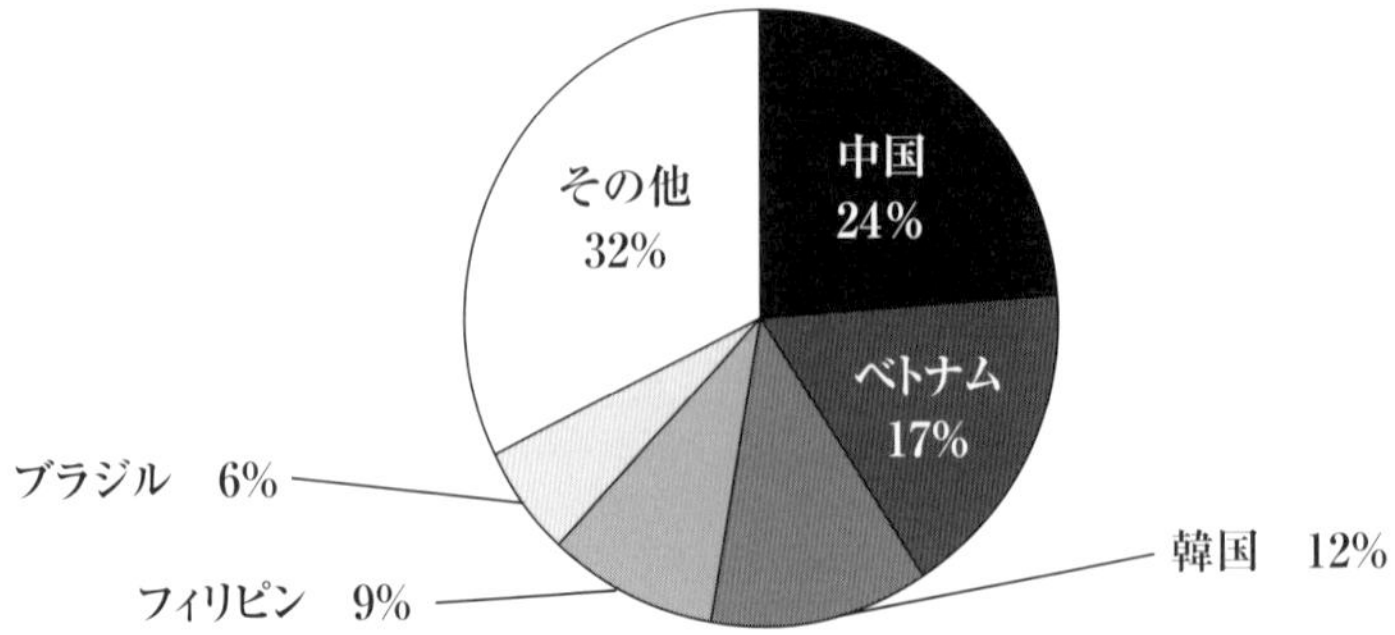

図１－３　国籍別在留外国人数の割合
法務省（2024b）をもとに筆者作成

のブラジル人と第3位フィリピン人を抜いて第2位となった。さらに、２０２０年には44万３９９８人まで増加し、前年まで第1位の中国人を抜いてベトナム人が第1位となった。その後も伸び続け、最新の２０２３年10月末のデータでは51万８３６４人にまで増えている（厚生労働省 2024）。

また、図1-3は、２０２３年末の国籍別の在留外国人数の割合を示したものである（法務省 2024b）。総数は３４１万９９２人で、過去最多となっている。内訳は、第1位が中国人で82万１８３３人、第2位はベトナム人で56万５０２６人、第3位は韓国人で41万１５６人である。特にベトナム人の増加が顕著で、２０２０年には韓国を抜いて第2位となりさらに伸び続けている（法務省 2021 ～ 2024）。

図1-4は、２０２３年末の在留資格別在留外国人数の割合を示したものである（法務省 2024b）。技能実習生の数は、永住者（89万１５６９人）についで第2位

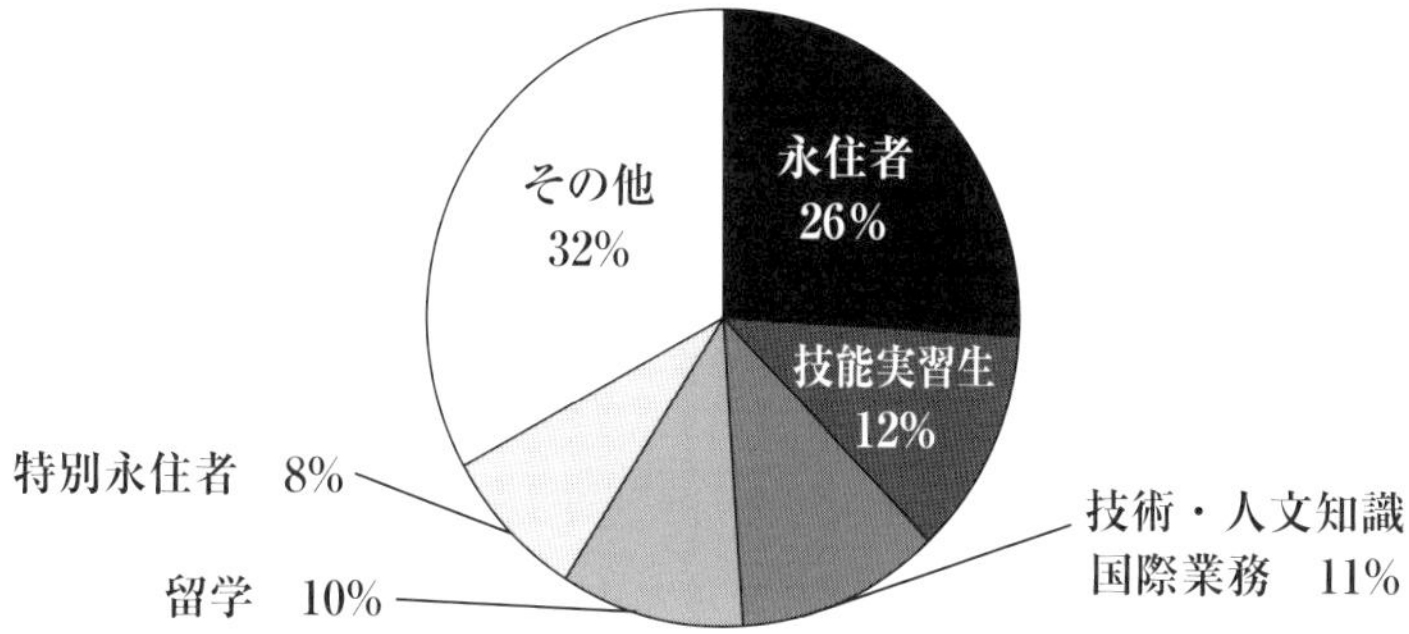

図１－４ 在留資格別在留外国人数の割合
法務省（2024b）をもとに筆者作成

（40万４５５６人）で、前年からの増加数では第1位である。なお、技能実習生に占める総数はベトナム人（20万２３６５人）が第1位となっている（法務省 2024b）。

1-1-2 外国人労働者の地域での受入れの現状

現在の技能実習制度の前身となる「技能研修生」資格の創設は１９８２年にさかのぼるが、その対象としてはＯＤＡ（政府開発援助）の政府受入れ研修生や、日本企業の海外現地法人から日本の親企業での技術習得を目的とした現地労働者のみに限定されていた。これが１９８９年に在留資格「研修」として制度化され、さらなる長期の受入れを可能とする技能実習制度が１９９３年に発足することになった（永吉 2020）。

技能実習制度の目的としては、開発途上国の経済発展を担う人材育成への貢献となっているが、その当初から本音と建前が分離していたことが指摘されている（丹野 2024）。本音は労働力の確保であるにもかかわらず、国際貢献のための技能実習が目的だとする矛盾である。「研修」という行政用語を使用し、一人前の労働者になる実習として来日した者であり労働者ではない者だと定義づけられることで、２００９年の入管法改正[1]まで技能実習生には最低賃金法すら適応されないでいた（丹野 2024）。そのため、労働の現場の現状としては、主に労働力の不足する過疎地域に派遣されて人材不足に直面する労働現場の労働力となっており、低賃金、過酷な労働環境により実習生の失踪等が社会問題になるほどである（上林 2015; 駒井 2006）。２０１７年に技能実習法が施行となって罰則が強化されるも、２０１８年は約7割に労働基準関連法違反があるなど、十分な改善に至っていない上に、転職の自由は認められず、自由な地域移動が制限されるなど、依然として人権尊重の理念の欠けた諸問題（不払い、超過労働、暴力を含むハラスメント、妊娠したら帰国や解雇等）を抱えていることに変わりないのが現状である（宮島他 2019; 永吉 2020; 丹野 2024）。

２０１９年の改正入管法によって特定技能制度[2]が施行されたが、技能実習制度を土台に特定技能制度が設計されているため、技能実習制度をめぐる上記の諸問題は未解決のまま制度の施行が踏み切られてしまっていることが指摘されている（山口 2021）。２０２４年6月には技能実習制度に代わる外国人材の新制度「育成就労制度」[3]の新設を柱とする改正入管法が成立して交付され、２０２７年までに施行される見通しとなった（法務省 2024a）が、外国人本人の意思による職場の転籍の自由が全面的に認められないなど、技能実習制度の人権をめぐる諸問題が減少することになるかは疑問視されている（丹野 2024）。

1-1-3　政府の新たな外国人受入れの方針

政府の外国人受入れの方針としては、2018年に入国管理法が改正されたことを皮切りに「外国人材の受入れ・共生のための総合的対応策」[4]が策定され、在住外国人の言語、宗教、習慣等の違いに起因する問題への対応が重要課題として挙げられている（法務省 2020: 3）ことを踏まえると、来日後の外国人の信仰継続を含めた総合的な対応は早急に検討していかなければならないと考えられる。また、毛受（2020）はこの政府の対応策について、「実質的には外国人の定住を容認するものであり、日本にとって極めて大きな歴史的な方針転換の表明といえよう」（毛受 2020: 90）と述べている。つまり、外国人労働者を単なる労働力と見る考えを捨てて、多文化共生社会[5]を構築していく一員であるという姿勢を持つことを私たちは求められているのである。しかし、先述のように、近年急増する技能実習生の労働環境は、現状としては安心して生活を送れる環境であるとは言えない。技能実習生を含む外国人労働者たちが辛さや孤独から解放されて安心して日本で働ける環境整備が求められる。

1-1-4　地域社会での共生の現状

技能実習生を含め地域で生活する外国人を地域でサポートする場として、地域日本語教室[6]が挙げられるが、この地域日本語教室を心の拠り所にしている外国人もいる（山辺 2011）。地域日本語教室には、外国人が日本語を学ぶ場所としての役割があり、日本に住む上で必要不可欠な情報等を日本人から直接知ることのできるライフラインともいえる役割を果たしている（毛受 2020）。

技能実習生というカテゴリーの外国人には、在留期間中に日本語の教育を受ける機会が公的な形で設けられているわけではなく、彼らへの日本語教育は本人と受入れ機関に任されているのが実情で、日本語学習は軽視されてきた（真嶋 2021）。しかし、技能実習生の来日目的が多様化してきており、技能実習生たちの日本語学習に対して積極的な企業も増えていることも相まって、地域日本語教室で日本語学習に励みたいと考える実習生が増えてきている（宋 2017;樋口 2021）。母国での人間関係を失い、地域の情報を得られずに不安を抱えた外国人が温かく受入れられて、地域の情報を得ながら日本語学習ができる教室は、外国人の心の拠り所になり得る環境であり、ますます重要な存在となっていると言える（山辺 2011）。

1-1-5　地域社会での外国人仏教徒の信仰の現状

外国人の中には、日本で生活する中で宗教的な面で不自由に感じている外国人は少なくない（三木 2017b）。近年急増するベトナム人については、南北統一後は社会主義体制により無神論が強調され特定の宗教に帰属しない傾向にあるが、宗教信者では仏教徒が最も多い（野上 2010）。また、南ベトナムの僧侶ティク・ナット・ハンの平和や反戦活動などもあり、僧侶の仏教徒への影響力も大きい（北澤 2015）。日本国内のベトナム難民の大多数が仏教徒であり、ベトナム仏教は先祖崇拝を重視し日本と同じ大乗仏教であるものの、日本国内での信仰は困難であるのが現状だ（野上 2010）。これまで仏教徒の動向がなかなか表面化して来なかった理由の一つとして、カトリック教会のように多くの信者を受入れる寺院がなかったことが挙げられる（野上 2018）。一方で、日本定住の長期化にともない生活が安定してきたことから、2000年以降に信者の寄付でベトナム寺院[7]の建立・維持が行われるようになってきた。しかし、建設はベトナム人の集住地域である一部の大都市圏に限られていることも、多くのベトナム人仏教徒の信仰の難しさの理由の一つとされる（三木 2017a）。都市部から離れた地域で暮らすベトナム人仏教徒にとって、仏教の信仰をベトナムに住んでいた時と同じように継続することは実質不可能ではないだろうか。宗教面での支援も今後の日本社会の課題と考えられるが、近年増えているベトナム人技能実習生の信仰についての実態把握は必要不可欠である。

その中で、外国人仏教徒と地域住民との共生を進める上で、地域仏教寺院[8]には多大な貢献が期待できるのではないかと考えられる。公的資金によって運営され、活動に厳密な公益性が求められる地方自治体とは対照的に、宗教的な価値観に基づいて活動でき、活動資金も自己調達可能であるため、公的セクターが取り組みにくい諸課題へコミットしやすい（徳田 2018）。特に、地域仏教寺院は地域のハブ的な役割を古くから担ってきたが、2000年代以降、社会問題解決などの実践活動を積極的に行う寺院や僧侶が増え、日本仏教の公共的機能がふたたび活性化している（大谷 2019）。地域仏教寺院の関わりが外国人と地域住民との関係作りや仏教の信仰継続の面で重要な鍵になってくるのではないかと考えている。

異文化適応の過程においてホスト国の住民と外国人が良好な関係を持つことは重要であり、その方法論として近年国際共修(9)が注目されている（末松 2019）。来日した外国人が地域住民と国際共修を行うことによって、あらゆるバックグラウンドを持つ日本人と接しながら日本社会や日本文化を実際に見て触れることができる（島崎 2019）。また、これまで外国人と接することがなかった地域住民も、急速な国際化によって生活圏で外国人と触れ合うことが増えるが、計画的に実施される国際共修に参加することで、異文化理解のレディネスの機会となりうる（島崎 2019）。地域とのつながりの強い地域仏教寺院の関わる国際共修には、地域の多文化共生の現実化に多大な効果があるのではないかと考えられる。

1-2　本研究の目的と意義

本研究の目的は、日本における外国人仏教徒との多文化共生の実現に向けて、外国人のライフラインである地域日本語教室の活動、外国人仏教徒の信仰継続を目的とした活動、および地域仏教寺院と地域住民による国際共修の実態を明らかにすることである。外国人仏教徒が信仰を継続しながら地域社会で安心して生活できるようになるとともに、外国人の日本定住を促し、多文化共生社会実現に貢献することが本研究の意義である。

1-3 用語の定義

本節では、本研究で重要な意味を持つ用語について、本書におけるその使い方を以下に定義する。

1-3-1 多文化共生

山根（2017）によれば、多文化共生という文言は1990年代に使われ始め、政府や自治体などの行政の中での使用は川崎市が最初である。「日本人や日本社会が変わることで差別をなくし、対等な関係をめざす」（山根 2017: 144）という内容で、「マジョリティの日本人が差別や偏見を克服していくという明確な目標があった」（山根 2017: 147）。この用語が広まったのは、阪神・淡路大震災後の1995年に大阪で「多文化共生センター」が設置されてからであり、当センター設立の目的は、「国籍、文化、言語などの違いを越え、互いを尊重する『多文化共生』の理念に基づき、在日外国人と日本人の双方に向けて『多文化共生』のための事業を創造し、実践することを目的とする」であり、多文化共生を定義づけたのはこれが最初である（田村ほか 2007: 13）。これについて山根（2017）は、ここで言う多文化共生は、外国人支援とは違い、在日外国人と日本人双方に向けたものであり、共に変化する関係であることが意識されていると評価している。

それが2000年代に入ると、ニューカマー[10]の外国人の急増した都市を中心に、多文化共生が広がっていき、1990年代から実践的な概念として使われていた「多文化共生」が、官製概念として使用されるようになり、外国人支援に限定されるなど、意味が大きく変容することとなった（山根 2017）。対象がニューカマーに限定されて表面的な日本語教育や適応教育が行われることで、「オールドカマー[11]は再び『不可視化』され、構造的差別が隠蔽されたままニューカマーの『同化』が進んでいる」（山根 2017: 153）。結果的に多文化共生という概念に対して研究者によって多くの批判が展開されることとなっている（山根 2017）。例えば、樋口（2009）は、多文化共生という語について、「概念規定に際して生物学から議論を持ち込んでいることを指摘しつつ、「論理的に脆弱な概念のまま使用して」おり、「定義や概念の検討を避けて単なるキャッチフレーズとして使っている」と批判している（樋口 2010: 5）。また、塩原（2012）は、「多文化共生というスローガンは、外国人を教え導いて日本社会に適応『させてあげる』という同化主義的態度と共謀する」（塩原 2012: 52-53）と警鐘を鳴らしている。徳田（2018）は、「この指摘から随分と時間が経過し、『多文化共生』について多くの論者が言及してきた今日でも、そのわかりづらさや扱いづらさは解消されていない」としている。様々な批判を踏まえて、山根（2017）は、日本を多文化共生社会にしていくには、日本社会に根強い同化や排外意識から脱却して偏見や差別意識を取り除くことが必要であると述べている。

「多文化共生」という用語の使用について、竹沢（2009）は、「多文化共生が、単一民族神話や社会の同化圧力に対抗する啓蒙的役割を果たしてきたことは、まず積極的に評価されるべきであろう」（竹沢 2009: 90）と多文化共生という用語を用いることの意義を述べている。戴（2003）も、「反差別や人権という言葉では焦点を当てにくかった『多数派性』『日本人性』『日本文化』を批判する視点を与えてくれる」（戴 2003: 49）と述べている。山根（2017）も、欧米の多文化主義等との共通点や相違点を明らかにする必要性を挙げつつも、「『多文化共生』という概念は、強者が弱者に行う一方的な支援ではなく、マジョリティの日本人の変容も求める双方向性のものである」（山根 2017: 156）として、「多文化共生」という用語の使用に意義があるとしている。

「多文化共生」の用語の代表的な定義としては、総務省（2006）「国籍や民族などの異なる人々が、互いの文化的ちがいを認め合い、対等な関係を築こうとしながら、地域社会の構成員として共に生きていくこと」（総務省 2006: 2）がある。関連して、多文化共生に向けて、佐藤（2003）は「平等な市民＝権利主体として、あらゆる人種・民族・文化的背景の人々が承認されている社会」（佐藤 2003: 43）が必要であると述べ、山脇（2003）は、「外国人や民族的少数者が、それぞれの文化的アイデンティティを否定されることなく社会に参加することを通じて実現される、豊かで活力ある社会の構築を目指す必要がある」（山脇 2003: 66-67）と指摘している。

以上の議論を踏まえて、本書では「多文化共生」を、「あらゆる人種・民族・文化的背景の人々が、互いの文化的違いを認め合い、対等な関係を築こうとしながら共に生きていくこと」と定義する。

1-3-2　国際共修

そもそも「共修」という用語自体は、男女共学をめぐる議論で用いられてきた歴史があり、そして国際共修の由来は、留学生を対象とする教育から派生したものと、国内学生の国際教育から派生したものとに大別される（佐藤 2019）。この国際共修について、末松は（2019）は、様々な言語や文化背景を持った学生たちが単に交流をするというだけではなく、「意味ある交流（meaningful interaction）」（末松 2019: ii）を通じて学び合う授業・活動形態であり、異文化間教育や多文化教育と表される教育アプローチだと述べている。日本における国際共修の歴史は浅く、研究についての議論が体系的に整理されているとは言い難い（末松 2019）が、末松（2019）は以下のように定義付けている。

言語や文化背景の異なる学習者同士が、意味ある交流（meaningful interaction）を通して多様な考え方を共有・理解・受容し、自己を再解釈する中で新しい価値観を創造する学習体験を指す。単に同じ教室や活動場所で時間を共にするのではなく、意見交換、グループワーク、プロジェクトなどの共同作業を通して、学習者が互いの物事へのアプローチ（考察・行動力）やコミュニケーションスタイルから学び合う。この知的交流の意義を振り返るメタ認知活動を、視野の拡大、異文化理解力の向上、批判的思考力の習得、自己効力感の増大などの自己成長につなげる正課内外活動を国際共修とする。（末松 2019: iii）

国際共修の参加者は大学生だけに限られたものではなく、初等中等教育期間の児童・生徒なども当然含まれ、さらには地域住民や世代や立場を越えたステークホルダーも入ってくる（末松 2019）。外国人にとって地域とのつながりを築くきっかけになる上、これまで外国人と接することのなかった地域住民も、異文化理解のレディネスをあげる機会となり得ると考えられる（島崎 2019）。さらに、松永（2020）は、グローバル人材育成研究のみならず、多文化共生の観点についても地域住民の相互理解は重要であると指摘している。地域社会とともに実践された国際共修の事例はまだ少ないのが現状ではある（島崎 2019; 松永 2020）が、国際共修の定義をする際には、この点を十分に考慮する必要性がある。

地域での国際共修の具体的方法論として、松永（2020）は、直接的な接触を躊躇する地域住民の異文化接触の不安を軽減することを目的に、「仕掛学」を提案している。仕掛学とは、ついしたくなるように間接的に伝えて結果的に問題の解決を図るアプローチのことである（松村 2016）。つまり、地域の国際共修プロジェクトなどで、外国人と接する機会が少なく外国人に抵抗感のある地域住民が異文化交流に参加する敷居を下げたり参加の動機付けを高めるために、仕掛けを作って効果を上げるということである（松永 2020）。これは、本研究の地域における国際共修においても必要な視点だと考えられる。

以上を踏まえて、本書では、国際共修を「異文化間の相互理解を促すことを目的に仕掛けられたプロジェクト等の協働活動」と定義する。

1-4 理論的枠組み

本研究では、ベトナム人仏教徒が地域住民と接触する日本語教室、ベトナム仏教法要、および地域における国際共修のそれぞれの実態調査を行い、その活動に関わる人たちの関係性の実相を捉えていく。その際、「接触仮説」（Allport 1961）の、コミュニティの中で偏見をなくして異文化接触を友好的にする４つの条件（対等の地位、協力的な関係、共通の目標、制度的あるいは権威者の支援）に注目しながら、調査対象の活動を通じた対人関係の実相を分析していく。

また、ベトナム人対象のベトナム仏教法要や地域の国際共修には地域仏教寺院が中心的に関わるのだが、地域仏教寺院の活動が地域社会における人的なネットワーク形成にいかに影響しうるかを捉えていく。その際、社会的ネットワークやそこから生じる互酬性と信頼性の規範とされる「社会関係資本」（パットナム 2006）を分析の枠組みとして用いる。社会関係資本は個人だけではなくコミュニティ全体に存在し、地域のハブ的な存在とされる地域仏教寺院の活動を社会関係資本の視点で捉えることが可能である（大谷 2012）という前提のもと、調査結果を社会関係資本の視点で分析していく。ただし、社会関係資本概念を導入するにあたっては、社会関係資本概念を用いるスタンスが問われていることに留意した上で、経済資本の概念枠組みを引き継ぎながらそこに社会関係資本を位置付けていくのではなく、もう少し広く社会学的な枠組みの中で本概念を用いることとする。

この調査対象である地域仏教寺院のベトナム仏教法要や地域での国際共修の活動は、仏教者がその寺院に所属する信者（門徒）に対する宗教活動だけにとどまるものではないと位置付けられる。ベトナム人仏教徒の信仰継続や地域の多文化共生を目的とした社会活動は、公共空間で一般社会に影響を及ぼすと考えられる。その活動を「社会参加仏教」（ムコパディヤーヤ 2005）という枠組みで捉えながら、仏教者が寺院の公共性を発揮して行った社会活動の影響が一般社会に及ぶ中で、地域仏教寺院の資源が社会関係資本としていかに外部にアクセスして広がっていったかを分析していく。

また、本書の調査では、ベトナム人仏教徒が地域仏教寺院で行う信仰について扱うが、日本とベトナムの仏教文化の相違を検討する必要性がある。ベトナム人仏教徒にとって地域仏教寺院が信仰を行う空間として相応しいのか、もしくはベトナム人自身が最適ではないと考えながらも代替場所として割り切って信仰できる場所なのかなど、上記のベトナム仏教文化と日本の仏教文化との相違点を踏まえた分析を行っていく。

1-4-1　接触仮説

日本社会では、在住外国人との関係について、法や制度に基づいた権利の差が作り出す排除に限らず、社会的偏見や憎悪感情などによる排除の問題を抱えている（宮島 2017）。偏見というのは、心理学者の Allport（1961）によると、「非好意的な方向と同様に好意的な方向にもあるけれど、民族的偏見の大部分が否定的偏見である」（Allport 1961: 6）ということである。つまり、必ずしも偏見は否定的なものばかりではないが、集団間において相手が外国人であるなど自分とは異なる民族に対する偏見については否定的なものになると捉えられている。

集団間での接触場面において、Allport（1961）は、コミュニティの中で偏見をなくして異文化接触を友好的にする条件として、4つの条件（対等の地位、協力的な関係、共通の目標、制度的あるいは権威者の支援）を挙げている。偏見が生じる原因を探るために、アメリカの白人と黒人が接触する職場を調査地として研究を行い、最初白人が黒人に対して抱いていた偏見は、対等な地位で接触する機会を持つことで払拭されていっていることを明らかにしている。また、偏見を持ってしまうことは避けられない事実であるとしつつ、それをいかに打開していくかについての追求がなされている。そのための条件が上記の4つであるという。この条件は、アメリカ社会だけでなく、その他の地域でも一般的な推論として当てはまると述べている（Allport 1961）。

この接触仮説は、膨大な実証研究がなされているが、特に対等条件が満たされて共通の目標のもと協力的に接触が行われている時に異文化接触の効果は絶大であることが確認されている

（Tausch & Hewstone 2010）。一方で、接触の頻度を上げるだけでは必ずしも肯定的な結果や偏見の減少に繋がるとは限らないこと（Patchen 1999）や、共通の目標の追求に失敗した時はその効果が低減すること（Worchel, Andreoli & Folger 1977）などが明らかにされるなど、否定的な見解もある。このように、接触仮説は、偏見を減らすという普遍的な課題に対して解決の方向性を見出した点で支持され、集団間の好意的な関係構築のための多くの研究が蓄積されているが、接触の効果に関して肯定的な結果だけではなく否定的な結果も混在していることに留意することが必要である（松永 2020）。

この接触仮説の研究は、近年日本の教育現場においても積極的に行われている。倉地（2006）は、Allportの接触仮説理論を援用しながら、偏見を低減するには「ステレオタイプを反証するような行動」や「個人的に知り合う機会」（倉地 2006: 77）についても必要であると述べている。その際に、ボランティアや日本語教師が国際交流の場でステレオタイプ的な考えを助長してしまう危険性を孕んでいることを指摘している（倉地 2006）。池上（2014）は、差別や偏見について、人間に本来備わっている心性が深くかかわっているために問題解決は容易ではないことを前提に、間接接触の効用と潜在認知の変容の可能性を論じている。特に強い偏見を抱いている人にとっては、自分の偏見が露見することを恐れてかえって否定的に反応したり、仮に交流で対等な関係性が設定されていたとしても、対等集団間で相対的に地位の低い方が疑心暗鬼になって接触効果が上がらない可能性を指摘している。その限界を踏まえて、「拡張接触」（Wright, Aron,

McLaghlin-Volpe, & Ropp 1997）という間接的な接触を取る形式の接触が論じられている。なお拡張接触とは、「自分の所属する集団（内集団）のメンバーの中に、他の集団（外集団）のメンバーと親しい関係にある者がいることを単に知るだけで、その外集団に対する態度が好意的になるというもの」（池上 2014: 141）である。また、集団に対する態度についての認知的アプローチの研究では、強い意志によって変容しやすい顕在的態度と比べて、潜在的態度の変容は容易ではないとされてきたが、この従来の考えに異論を唱える Dasgupta（2013）を踏まえながら、池上（2014）は、人的に情報環境を変えることによって、潜在的な偏見が低減することを期待できると示唆している。つまり、接触は交流する集団任せではなく、プロジェクトや仕掛ける側が工夫をしなければ良い交流は行われないと考えられる。

以上を踏まえた上で、地域日本語教室の国際交流、地域仏教寺院でのベトナム法要、および地域仏教寺院の関わる国際共修における在住外国人と地域住民の異文化接触の有効性について、Allport（1961）の接触仮説の視点で分析していく。特に、外国人に対して強い偏見を持つ集団が異文化接触に関係する場合には、「拡張接触」（Wright, Aron, McLaghlin-Volpe, & Ropp 1997）の視点で、媒介者の働きかけや集団間の間接的な接触が異文化接触に効力を持ちうるのかについても留意していく。

1-4-2　社会関係資本

社会科学の幅広い分野で注目される「社会関係資本」という概念は英語のSocial Capitalで、直訳すると社会資本となるが、これでは日本では道路や橋などの社会インフラと誤解されてしまうので、最近「社会関係資本」という言葉が定訳になりつつある（稲葉 2011）。本研究でも「社会関係資本」を用いるが、本章においては先行研究を扱う関係上、「ソーシャル・キャピタル」という語も使用する。ソーシャル・キャピタルの初出としては、稲葉（2011）によれば、アメリカの地方教育庁であったリダ・ハニファンの1916年の論文である。このハニファンの論考について稲葉（2011）は「コミュニティの中で人々の交流が独自の価値を持つという指摘であり、今日におけるソーシャル・キャピタルの定義としても十分通用する」（稲葉 2011: 17）と述べている。

社会関係資本の概念を一躍普及させたのは、アメリカの政治学者のパットナムである。パットナムは『哲学する民主主義』（1993）で社会関係資本について、「協調的行動を容易にすることにより社会の効率を改善しうる『信頼』、『規範』、『ネットワーク』などの社会的仕組みの特徴のことである」（Putnam 1993: 167）と定義づけ、『孤独なボウリング』（2006）では「社会関係資本が指し示しているのは個人間のつながり、すなわち社会的ネットワーク、およびそこから生じる互酬性と信頼性の規範である」と述べている（パットナム 2006: 14）。このパットナムの定義は、社会関係資本が個人だけではなくコミュニティ全体に存在すると捉えられて使われる傾向にある。また、パットナム（2006）は社会関係資本の基本概念を以下のような形で分類をしている。①異質なもの同士を結びつけるブリッジング「橋渡し型」といえるもので、社会の潤滑油ともいうべき役割を果たしているものと、②同質な者同士が結びつくボンディング「結束型」といえる心理的安定につなげる役割を果たすものである（パットナム 2006: 19-21）。一方で、パットナム自身も指摘しているが、結束型の社会関係資本は、内部志向が強すぎるため、排他的になり外集団への敵意をも生み出す可能性があることも知られている。

その他、社会関係資本を個人の資産と見る定義もあり、フランスの文化社会学者のブルデューは、社会関係資本について、ある特定のグループの中に埋め込まれていて、ネットワーク自体は個人に帰するものであると考えている（稲葉 2011）。また、デューク大学のナン・リンは、「人々が何らかの行為を行うためにアクセスし活用する社会ネットワークの中に埋め込まれた資源」（リン 2008: 32）と定義している。この定義では、主語が「人々」であることから分かる通り、社会関係資本は個人に帰属するものとなっている（稲葉 2011）。その他の定義も、「基本的には皆同じ方向を向いて、人々や組織の間に生まれる協調的な行動を分析するという課題に取り組んでいる」（稲葉 2011: 27）と言われている。

一方で、社会関係資本の議論は肯定的な側面ばかりではないということについても留意する必要がある。猪瀬（2015）は社会関係資本の代表的な批判を以下のようにまとめている。第一に、同義反復的な説明になりがちであるという点である。資本自体の概念がトートロジカルな性質を持っているために完全に解決できる問題ではないにしても十分に考慮する必要があることを指摘している。第二は、社会関係資本の概念の使用による理論的な発展性がないことである。つまり、資本という概念を用いるのは目に見えない社会関係を指標化・数値化できることへの期待があるため、社会関係資本を用いるには資本という観点を積極的に評価できる形で議論を進める必要があるということである（三隅 2013; 猪瀬 2015）。第三は、社会関係というのは資本の要件を満たさないため、資本という形で扱えないという批判である。Arrow（2000）は、社会関係が資本としての3つの条件（「時間とともに拡大すること」「将来の利益のための、現時点の周到な犠牲」「疎外」（Allow 2000: 4））を満たすのは難しいために資本概念として用いることはできないと指摘している（三隅 2013; 猪瀬 2015）。これらの批判を踏まえると、三隅（2013）の社会関係資本の使い方の2つの極が重要となる（猪瀬 2015）。

一方の極は、パースペクティブ程度の緩やかな意味で本概念を用いることである。しかし、もう一方の極として逆に「資本」にこだわるとすれば、将来のための犠牲となる投資、それが生み出す付加価値、資本はまさにそこに「実在」する、ということを概念的に整えなければならない（三隅 2013: 65）。

社会関係資本概念を導入する際には、社会関係資本概念を用いるスタンスが問われているため、この点については十分に留意しなければならない（猪瀬 2015）。第四は、社会関係資本の負の側面が軽視されている傾向についての批判、いわゆる「ダークサイド問題」（パットナム 2006: 431-448）である。これについて猪瀬（2015）は、社会関係資本の概念を用いた議論は、「あらかじめ期待された効果を読み取ろうとする研究になりがち」であるため、「研究者・分析者自体がどのような立場に立って論じているかについて、自覚的であることが促されていると受け止めるべきであろう」（猪瀬 2015: 92）と指摘している。第五は、社会関係の中の権力構造や不均等な資源の配分状況が軽視されているという批判である。しかし、社会関係資本概念への注目の背景に地域社会の形成や地域の活性化への期待があることを踏まえ、権力や分配の観点に留意することで「マイナスの効果や活性化を阻害する要因を探る道筋に繋げられる意義がある」と猪瀬（2015: 92）は述べている。

宗教、特に地域仏教寺院が地域社会において果たしうる役割について、猪瀬（2015）は社会関係資本の概念を用いて論じている。その際、宗教を社会関係資本とみなした研究の背景については、世の中の役に立っていることを明らかにしなくてはならない、または役に立っていて欲しいという宗教研究者や宗教関係者の立場や価値観があると指摘している（矢野 2011; 小松 2014; 猪瀬 2015）。そして、「正の成果のみを評価するという議論に偏りがちである点、社会関係の中に埋め込まれている権力構造や不均等な資源配分状況を軽視しがちであるという点については、研究者の期待や前提によって生じやすい問題点」であり、宗教を社会関係資本として捉える際には、「慎重に議論を進める必要がある」（猪瀬 2015: 93）と警鐘を鳴らす。

また、社会関係資本を用いる際のスタンスとして「『資本』にこだわる」（三隅 2013: 65）場合、猪瀬（2015）は「関係基盤」（三隅 2013: 143）という概念装置を鍵概念として挙げることを提案している。その上で、「寺院（お寺）を人々の『縁』をつなぐ関係基盤であるととらえることが可能であり、有用性がある」（猪瀬 2015: 96）と述べている。この関係基盤について、三隅（2013）は、社会関係資本を「行為者に収益を生み出すようなすべての社会構造資源である」（三隅 2013: 98）と定義した上で、関係基盤を「さまざまな属性は、それを共有する人びとからなる潜在的なソシオセントリック・ネットワークを指標する。そうした指標機能を持つ属性を、関係基盤という」（三隅 2013: 145）と定義している。これを踏まえると、関係基盤とはつながりやネットワークを形成する拠点であると考えることができる（猪瀬 2015）。

稲葉（2008: 76）は、社会関係資本と宗教について、「学校、（欧米やイスラーム世界なら）教会、モスク、など、独自の社会的文脈をもつ集団等からなる地域社会をコミュニティと呼べば、コミュニティこそソーシャル・キャピタルの苗床を形成している」と述べている。また、大谷（2011）は、「稲葉（2008）を敷衍すれば、現代日本の地域社会における寺院、神社、教会などの宗教施設を、『ソーシャル・キャピタルの苗床』として捉えることが可能になり、『宗教とソーシャル・キャピタル』の問題を主題化できる」（大谷 2012: 32）と述べている。また、櫻井（2016）は、社会関係資本は地域の歴史や文化によって醸成されたものであるため、短期間の人為的な営みでネットワークや信頼関係を築きあげることなどはできるものではないことを前提として捉えながら、その構築においては行政的な働きかけよりも既存の社会関係や地域の集団組織を活用する方がはるかに効果的であると指摘している。政教分離を打ち出す日本においても、宗教者や宗教組織の活動やその方針によって一般市民や地域住民が信頼関係を構築して協働することは可能であると述べている（櫻井 2016）。

本書では地域仏教寺院の関わる外国人仏教徒の信仰継続活動、および地域仏教寺院と地域社会が連携した国際共修の活動を調査しているが、その際に地域仏教寺院が関わることの意義に焦点を当てている。宗教組織や宗教者の活動が地域社会における人的なネットワーク形成にいかに影響しうるかを分析する上で、宗教を社会関係資本の視点で捉えることは可能である（大谷 2012）という前提のもとで、調査結果を社会関係資本の視点で分析していく。ただし、社会関係資本概念を導入するにあたっては、猪瀬（2015）の指摘する批判を踏まえ、社会関係資本概念を用いるスタンスが問われていることに留意しなければならない。本研究では、経済資本の概念枠組みを引き継ぎながらそこに社会関係資本を位置付けていくのではなく、もう少し広く社会学的な枠組みの中で本概念を用いることとする。特に、社会関係資本の基本概念の分類（パットナム 2006）を積極的に用いていく。その際、「異質なもの同士を結びつけるブリッジング（＝橋渡し型）」の「異質なもの同士」を「外国人と日本人」と定義し、「同質な者同士が結びつくボンディング（＝結束型）」の「同質な者同士」を「外国人同士」と定義した上で、地域仏教寺院の活動を資源としてその外部のどのような人たちの新しい関係が繋がっていくかを、社会関係資本の視点で分析していく。

1-4-3　社会参加仏教

近年、現代アジアの仏教の積極的な社会活動を、エンゲイジド・ブッディズム（Engaged Buddhism）という概念で捉えようという研究の動向がある（ムコパディヤーヤ 2005）。仏教の根本思想である「苦」の原因は、本来個人の内面の無知や欲望と考えられているが、ベトナム戦争でベトナムの仏教徒たちが戦争という現実の苦しみの中で、「苦」の原因には社会が生み出すものもあるに違いないと気づき、「苦」の原因となる社会の矛盾、社会構造の変革に積極的に立ち向かうこの仏教の在り方をベトナム僧侶のティク・ナット・ハンが「エンゲイジド・ブッディズム（Engaged Buddhism）」（阿満 2003: 18）と呼んだことがその原初であるとされる。その後、積極的に社会問題に取り組む仏教徒の活動が、アメリカの仏教研究者によってもティック・ナット・ハンの言葉を用いてエンゲイジド・ブッディズムと総称されるようになり、「仏教史における大乗仏教の興起と並ぶ歴史的意義をもつものと評価」（阿満 2003: 19）されることにもなった（阿満 2003）。

従来仏教がキリスト教と比べて非社会参加的と考えられていることがその背景にあるが、このエンゲイジド・ブッディズム（Engaged Buddhism）についてムコパディヤーヤ（2005）は、「社会参加仏教」（ムコパディヤーヤ 2005: 27）と和訳し、「仏教者が布教・教化などいわゆる宗教活動にとどまらず、さまざまな社会活動も行い、それを仏教教義の実践化と見なし、その活動の影響が仏教界に限らず、一般社会に及ぶという仏教の対社会的姿勢を示す用語である」（ムコパディヤーヤ 2005: 28）と定義している。ムコパディヤーヤ（2005）は、仏教団体の社会活動の研究を通じて、仏教の社会参加を4つの次元（国家化・国家主義化、社会化、大衆化および国際化）において検討しているが、これまで研究の少なかった日本仏教の社会的な関わりを全面的に捉え、現代仏教が福祉、教育、医療などの分野においても活発に活動していることを示唆し、今後の課題として「現代仏教による様々な分野での活動を取り上げることであり、それを歴史学および社会学的に検討することである」と指摘している。

大谷（2019）は、戦後日本の社会変動や寺檀制度の衰退等により、現在の地域仏教寺院を取り巻く地域社会の存続危機や寺院消滅の可能性を指摘しながらも、２０００年代以降の日本仏教の公共的機能の再活性化について示唆している。仏教者や教団の社会活動や支援、寺院の公共性について注目されるようになったのは東日本大震災の経験がきっかけとされているが、その宗教の公共性[12]や公益性に関する議論の中で、日本仏教の公共性である公共空間での仏教者や寺院の社会活動が注目されるようになっている（島薗 2014: 大谷 2019）。この公共空間における仏教者や寺院の社会活動、つまり社会参加仏教の研究と呼応するのが、宗教の社会貢献研究である（大谷 2019）。この研究において稲場（2009）は、宗教の社会貢献を「宗教者、宗教団体、あるいは宗教と関連する文化や思想などが、社会の様々な領域における問題の解決に寄与したり、人々の生活の質の維持・向上に寄与したりすること」（稲場 2009: 40）と定義している。大谷（2019）はこの定義を踏まえ、「社会貢献」を「社会活動」と読み替えた上で、「仏教の社会活動」を、「仏教者、仏教団体、寺院が仏教の教え・思想や信仰にもとづき、社会問題の解決や人々の生活の質の維持・向上を図る活動」と定義している。仏教者がその寺院に所属する信者（門徒）に対する宗教活動だけにとどまるものではなく、様々な社会活動も行うことでその活動の影響が一般社会に及んでいるという意味で、「仏教の社会活動」は社会関係資本を有すると考えられ、公共空間における仏教者や寺院の社会活動を分析する上での有益な視座をもたらすことになったという（大谷 2019）。

この仏教の社会参加を考える上で切り離せないのがすでに触れた公共性であるが、公共性の三種の中でも、誰に対しても開かれている（open）ことが重視されており、時にそれは「寺を開く」（大谷 2019: 43）と表現される。寺檀制度に立脚する地域仏教寺院は結束型の社会関係資本を有して、内部の人々の関係性を安定させる機能を発揮してきたが、「寺を開く」には、外部との繋がりを創出する橋渡し型の社会関係資本を形成する必要があるという（大谷 2019）。地域社会の中で仏教者たちが檀家以外の住民とともに地域ガバナンスに参与し公共的機能を発揮していくことで、地域仏教寺院の公共性が発揮されると指摘している（大谷 2019）。

本書において、地域仏教寺院やその住職が外国人仏教徒の信仰継続活動および寺院と地域社会の連携した国際共修を行う活動を調査している。これら地域仏教寺院の活動を「社会参加仏教」（ムコパディヤーヤ 2005）という枠組みで捉えながら、仏教者が寺院の公共性を発揮して行った社会活動の影響が一般社会に及ぶ中で、地域仏教寺院の資源が社会関係資本としていかに外部にアクセスして広がっていったかを分析していく。

1-4-4　ベトナム仏教の生活習慣の特徴

三木（2017a）によれば、社会主義体制の続くベトナムでは、国民の八割は特定の宗教に属していないが、先祖崇拝が生活の一部として浸透している。つまり、多くは先祖崇拝という宗教意識を持って信仰を行いながらも特定宗教に属していない。その国民の二割の特定宗教については、仏教徒がもっとも多く、その次にキリスト教徒が多い。日本で仏教の信仰を継続する上でも僧侶の存在が極めて大きい。僧侶あっての寺であり、僧侶あっての信仰生活ということである（三木 2017a）。

また、ベトナムの仏教は大乗仏教で、浄土教と結合した禅宗が主流で、寺院内の配置は中国の禅院の影響を受けている（ミン・チー 1995）。川上（2001）によると、仏教行事は陰暦によって行われ日本においても陰暦での実施となっている。行事は、ベトナム人僧侶によって進められ、儀礼は立った姿勢から床の上に膝を折り、床に額を付ける礼拝姿勢がとられている。また、「阿弥陀仏」を意味しアミダブツという発音に近いベトナム語の言葉が仏教徒同士や僧侶への挨拶言葉として使用されている。ベトナム人からすると、日本の仏教あるいは仏教徒は信仰心が薄く感じ取られる傾向にあるが、それはベトナムの僧侶が日本の僧侶と違って、仏事に専念し一般信徒への奉仕を主眼としていることがその背景にある。また、宗教的なリーダーを求める傾向があり、自分と同じ境遇を持つ宗教的なリーダーがいることは彼らの宗教的な生活の中で極めて重要となっている（川上 2001）。

竹村（2015）によれば、多くの日本人は正月には神社・仏閣に初詣に行き、敬虔な心を抱いている。また、夏のお盆の時期には、今も先祖供養の思いを持つことが少なくなく、春秋のお彼岸に先祖のお墓参りをする風習は、今も残っている。その背景にあるのが、「日本的霊性」（鈴木 1972）であると指摘する。それは、法然・親鸞の浄土教思想のことで、民衆の誰もが救われる仏教を打ち出そうとし、「南無阿弥陀仏」と称えるだけで救われると考えた思想である。阿弥陀仏の方がはからってくれて救われるという救いの自覚は、日本独特のもので、これが日本的霊性であり、日本の宗教の基盤にある（竹村 2015）。

信仰の形態としては、ベトナムでは月に2回は近隣の寺院に出かけて読経や礼拝を行うのが一般的だが、来日後には、近くにベトナム仏教寺院がないことなどから、自宅に仏壇を設置して読経を行ったり、食事を取らない戒律を月に一度行うなど、個別に宗教生活を送ったりしている（川上 2001）。三木（2017a）は、兵庫県などのベトナム人集住地域にはベトナム寺院があり、そこでは信者の心の拠り所になっており、出身国が同じでも比較的希薄であった関係性が寺院設立によって大きく変わって互助関係が生まれていると指摘する。

本書では、ベトナム人仏教徒が地域仏教寺院で行う信仰について扱うが、日本とベトナムの仏教文化の相違を検討する必要性がある。先祖崇拝を行う点や大乗仏教である点などはベトナム仏教と日本の仏教で共通点があると考えられるが、信者の信仰心やスタイルなど異なる点もあると考えられる。ベトナム人仏教徒にとって地域仏教寺院が信仰を行う空間として相応しいのか、もしくはベトナム人自身が最適ではないと考えながらも代替場所として割り切って信仰できる場所なのかなど、上記のベトナムと日本の仏教文化との相違点を踏まえた分析を行っていく。ただし、信仰には心の内面としての宗教の問題もあれば、生活習慣としての面もあるが、特にベトナム人の生活習慣の面における維持に地域仏教寺院がどう対応できるかという視点で分析をしていく。

1-5　本書の構成

本書は、7章で構成される。具体的な内容については図1-5の通りである。

第1章では、序論として本研究を行う上での背景や研究の目的、本研究を行うことの意義、理論的枠組みについて述べる。

第2章では、技能実習生および地域日本語教室に関する研究、在日ベトナム人の定住および信仰継続に関する研究、多文化共生に果たす宗教の社会活動に関する研究、地域の国際共修に

第１章
序　論
研究背景、研究目的、研究意義、用語の定義、
理論的枠組み、論文の構成

↓

第２章
先行研究の概観
技能実習生および地域日本語教室に関する研究、
在日ベトナム人の定住および信仰継続に関する研究、
多文化共生に果たす宗教の社会活動に関する研究、
地域での国際共修に関する研究、
先行研究の問題点、研究課題

↓

第３章
研究方法
各調査の概要（予備調査、調査対象者、
データの収集方法、分析方法）

↓

第４章
仏教徒ベトナム人技能実習生の心の拠り所はどのようであるか
調査① M-GTA による分析結果（心の拠り所を必要とする要因、
心の拠り所、仏教の信仰面）、
調査② PAC 分析による分析結果（心の拠り所を必要とする要
因、心の拠り所、仏教の信仰面）

↓

第５章
地域仏教寺院の主宰するベトナム仏教法要がベトナム人仏教徒の信仰や対人関係にどのような影響を与えるか
SCAT による分析結果
（ベトナム人仏教徒の信仰への影響、
、ベトナム人の対人関係への影響）

⇩

第６章
地域仏教寺院の関わる国際共修はベトナム人仏教徒の信仰や対人関係にどのような影響を与えるか
SCAT による分析結果
（ベトナム人仏教徒の信仰への影響、外国人の対人関係への影響、日本人の外国人に対する意識への影響）

⇩

第７章
結　論
結果の要約、総合考察、
結論、今後の課題

図１－５　論文の構成図

関する研究を概観した上で先行研究の問題点について述べ、研究課題を提示する。

第3章では、第4章・第5章・第6章における調査の概要（予備調査、調査対象者、データの収集方法、分析方法）について述べる。

第4章では、仏教徒ベトナム人技能実習生の心の拠り所はどのようであるかについて、仏教徒のベトナム人技能実習生へのインタビューをもとに調査結果を示す。調査①では、M-GTAを用いて、心の拠り所を必要とする要因、心の拠り所、仏教の信仰面について分析する。さらに、調査②では、PAC分析を用いて、心の拠り所を必要とする要因、心の拠り所、仏教の信仰面について分析する。

第5章では、地域仏教寺院の主宰するベトナム仏教法要がベトナム人仏教徒の信仰や対人関係にどのような影響を与えるかについての調査結果を示す。ベトナム人仏教徒へのインタビュー調査をもとに、SCATを用いて、ベトナム人仏教徒の信仰への影響、ベトナム人の対人関係への影響について分析する。

第6章では、地域仏教寺院の関わる国際共修がベトナム人仏教徒の信仰や対人関係にどのような影響を与えるかについての調査結果を示す。ベトナム人仏教徒や、国際共修に参加する日本人や外国人へのインタビューをもとに、SCATを用いて、ベトナム人仏教徒の信仰への影響、外国人の対人関係への影響、日本人の外国人に対する意識への影響について分析する。

第7章では、第4章・第5章・第6章で行った分析の結果について、その結果の要約や総合考察を行う。最後に、本研究の結論について述べた上で、本研究で課題として残された点について今後の課題として述べる。

注

1 2009年の入管法改正によって、従来の技能実習制度の1年目に設けられていた「研修期間」と2年目以降の「特定活動」の資格が廃止となり、1年目は「技能実習1号」で2年目以降は「技能実習2号」という在留資格になった。また、技能実習生の受入れは3年が限度であったが、2016年の技能実習法の施行により、優良な実習実施者および管理団体に限り、4年〜5年目の第3号技能実習の受入れが可能となっている（法務省 2019）。

2 新たな在留資格「特定技能」の特定技能1号は一定の技能水準と日本語能力が必要となり、在留期間は5年間とされ、技能実習2号の修了生からの移行者が主な供給源と見込まれ開始された。一方、特定技能2号は、特定産業分野に属する熟練した技能を要する業務に従事する外国人が対象となり、在留期間の更新や家族帯同も可能となった（法務省 2019）。

3 新たな在留資格「育成就労」の期間は3年以内と定められ、特定技能1号の技術水準の人材を育成することを目指している。国際貢献という建前の看板は降ろされ、長期産業を支える人材確保と人材育成が目的となっている（法務省 2024a）。

4 2022年度以降の総合的対応策は、2021年度までとは異なり、「外国人との共生社会の実現に向けたロードマップ」の策定を踏まえ、ロードマップの施策について単年度に実施すべき施策を示すとともに、必ずしも中長期的に取り組むべき施策でないためにロードマップには記載されていないものの、共生社会の実現のために政府において取り組むべき施策も示されるようになっている。

5 後述するが、本書では「多文化共生」を、「あらゆる人種・民族・文化的背景の人々が、互いの文化的違いを認め合い、対等な関係を築こうとしながら、共に生きていくこと」と定義する。

6　１９８０年代後半以降、日本では急速な国際化の進展や出入国管理及び難民認定法の改正による在留資格の整備・拡張にともなって、各地域には定住化する外国人が増加した。それに伴って、地域の住民ボランティアによる日本語学習支援、いわゆる地域日本語教室では、大学や日本語学校のような教育機関とは違い、地域に暮らす日本人と外国人が日常的かつ継続的に接触交流する場にもなっている（伊東 2011）。

7　ベトナム寺院を本書では「日本に存在するベトナム式の仏教寺院」と定義する。三木（2017a）によると、現存するベトナム寺院としては南和寺（埼玉県越谷市）、チュア・ベトナム（神奈川県愛甲郡愛川町）、和楽寺（兵庫県神戸市）、大南寺（兵庫県姫路市）であった。三木（2024）では、さらに福慧寺（愛知県名古屋市）、福光寺（大阪府八尾市）、福圓寺（兵庫県姫路市）、大恩寺（埼玉県本庄市）、栃木大恩寺（栃木県那須塩原市）、精進寺（静岡県浜松市）が新たなベトナム寺院として加えられている。

8　日本の地域仏教寺院を本書では、「日本の各地域に存在する伝統仏教寺院」と定義する。なお、伝統仏教寺院とは、明治政府が公認した13宗56派の仏教宗派を指すこととする。13宗とは、法相宗・華厳宗・律宗・天台宗・真言宗・融通念仏宗・浄土宗・臨済宗・浄土真宗・曹洞宗・日蓮宗・時宗・黄檗宗のことであり、昭和14年宗教団体法が成立して国の認可制度がなくなると、多くの宗派が新設され２０２１年時点で１５６の仏教宗派が存在している（文化庁 2021）。

9　後述するが、本書では、国際共修を「異文化間の相互理解を促すことを目的に仕掛けられたプロジェクト等の協働活動」と定義する。

10　１９８０年代から日本に移住してきた人々は、「ニューカマー」という概念で括られている（三木 2017b）。

11　第二次世界大戦前の植民地からの渡来者とその子孫と理解されており、「特別永住者」という在留資格を有するのとほぼ同義である（福本 2010）。

12　「公共性」は、次の３つに大別できる（齋藤 2000）。１つ目は、国家に関係する公的な（official）もので、国家が法や政策などを通じて国民に対して行う活動を指す。２つ目は、特定の誰かにではなく、すべての人々に関係する共通のもの（common）である。これは、共通の利益・財産、共通の規範などを指す。３つ目は、誰に対しても開かれている（open）ものである。これは誰もがアクセスすることを拒まれない空間や情報などを指す。

第2章
先行研究の概観および研究課題

日本における外国人仏教徒との多文化共生の実現に向けて、外国人のライフラインである地域日本語教室の活動、外国人仏教徒の信仰継続を目的とした活動、および地域仏教寺院と地域住民による国際共修の実態を解明していくにあたり、本章では先行研究を概観して問題点を整理した上で、研究課題を明らかにする。

まずは仏教徒に限らず技能実習生全般の実態調査に関連したもの、および外国人のライフラインである地域日本語教室における国際交流に関連したものに焦点を当てた先行研究から概観していく。次に、外国人が来日後に信仰を継続しながらいかに地域に定着していくかに焦点を当てた研究を概観し、外国人との多文化共生を図る上で宗教が行った社会活動についての先行研究を見る。最後に、概観した先行研究の成果と問題点について述べていく。

2-1　技能実習生および地域日本語教室に関する先行研究

ベトナム人技能実習生の生活実態についての研究がある。グェン（2013）は、「外国人研修・実習制度」に参加経験のあるベトナム人（以下、「ベトナム人研修生」とする）へのインタビューをするとともに、研修生の管理団体や受入れ企業でのフィールドワークをもとにした研究を行っている。この調査を通じて、平日に日本語学習をする体力や時間の余裕がないため、日本語能力向上は見られる傾向にないことや、日々の仕事のストレスが溜まり、精神的に大きな負担がかかっている現状を明らかにしている。また、ベトナム人研修生の人生観を３つに類型化しているが、１つ目は、「出稼ぎ労働」（グェン 2013: 28）で、研修ということを考えずに単に出稼ぎのために海外に行くタイプで一般的な類型とのことである。２つ目は、「実質的な研修」（グェン 2013: 28）で、出稼ぎという目的の他に、一般的な技術とか専門技術を学ぶことを考えているタイプである。３つ目は、「機会に便乗」（グェン 2013: 28）で、はっきりとした目的を持たず、斡旋会社の増加に従い増えていっているタイプとのことである。それを踏まえ、ベトナム人研修生の多くは日本の技術を習得したいという意向を持つが、実際の業務内容は自分の専門と違い、将来の役には立たないようなもので、単純労働者でしかないという不満を抱えていることを示唆している。

また、ベトナム人の留学生、技能実習生、非正規滞在者の実態について、加藤（2019）が、留学生、技能実習生、ベトナム人非正規滞在者、支援をするカトリック教会の関係者を対象にインタビューおよび参与観察を行っている。借金、移住産業、労働需要、出入国管理政策の不備の4点がベトナム人留学生・技能実習生を非正規滞在者にしており、来日後に不本意な荷重で単純労働を強いられている現状を示唆している。技能実習生は多くの借金をして来日しているが、来日前に聞いていた給与額と実際に支給される給与額の間にずれがあり、借金の返済ができないことが非正規滞在の契機になっているとのことである。また、自力で在留資格を得ることが難しいために来日を目的として仲介業者を利用しているが、弱みにつけ込む不法の移住産業が横行している現状を指摘している。さらに、借金を返すために非正規滞在者となって不法に働かねばならない元技能実習生の事情と、深刻な労働力不足から非正規に外国人を雇う側の問題、出入国管理政策の不備により留学生や技能実習生が本来の目的を果たせない現状も示唆している。

技能実習生と地域住民の関係のありように焦点を当てたものについては、二階堂（2019）によって調査が行われている。ベトナム人技能実習生・元技能実習生、その受入れ企業、市役所職員、商工会関係者、地域住民を対象に調査されているが、技能実習生の社会的な関係性は同じ職場に限られることが多く、地域住民との接点が極めて少ないため、技能実習生が地域社会で可視化されずにその実態が知られることが難しいことを明らかにしている。また、技能実習生の受入れが盛んな地域は過疎地域となることが多く、そこでは都市部と比べて外国人の集住コミュニティが醸成されにくく外国人の自助的なネットワークが形成されづらい現状を明らかにしている。さらに、受入れ企業の中には、技能実習生にとって望ましい生活環境の整備や、地域社会での「顔の見えない」（二階堂 2019: 68）存在からの脱却を図ろうとする企業があるものの、その大きなコスト負担に対してうつ手に困り孤立無縁となっている現状を指摘している。自治体が主体となって技能実習生と日本人住民との協働を促すことで、その親睦を深められるだけではなく、技能実習生の日本語力向上、キャリア支援、および満足度向上に繋がるため、日本人住民が技能実習生と顔の見える関係を構築する上での行政の担う役割の大きさを示唆している。

また、技能実習生と日本人社員における職場での意識の変容について、落合（2010）が中国人やインドネシア人の技能実習生を対象に、インタビュー調査をしている。日本人と技能実習生との間の大きな力の不均衡があることや、日本人側には葛藤が少なく失うものが少ないという理由から日本人社員側に意識の変容が起こることは困難である点を示唆している。職場では上意下達型で作業が進み、双方向的に交流が深まることはないとのことであり、彼らの生きづらさの表象は社会に向かって開かれていくことなく、労働環境に対する不満として収斂されていく現状を明らかにしている。

このように、ベトナム人技能実習生の生活実態について、仕事が単純労働でやりがいを見出すのが難しいことや、日々の仕事のストレスで精神的に大きな負担がかかっている実態が明らかになっている（グェン 2013; 加藤 2019）。また、技能実習生の受入れが盛んな地域は過疎地域であることが多く、そこでは都市部と比べて外国人の集住コミュニティが醸成されにくく外国人の自助的なネットワークが形成されづらい現状が分かった（二階堂 2019）。ベトナム人技能実習生の社会的な関係性は同じ職場に限られるが、その職場でも上意下達型で作業が進むために、日本人社員とも双方向的に交流が深まることのない傾向にあることが分かった（落合 2010）。地域住民との関係性においても、地域社会で可視化されづらく、接点を持つことが難しい現状から、地域で孤立してしまう立場にあることも明らかになっている（二階堂 2019）。

地域日本語教室における技能実習生の日本語学習に焦点を当てた研究については、落合（2010）が中国人やインドネシア人の技能実習生を対象にインタビュー調査をして、技能実習生の日本語学習意欲を明らかにしている。技能実習生を「本国志向型」と『いまここ』志向型」（落合 2010: 52）に大別し、前者は日本にいながらも常に母国の家族に気持ちが向いていて、「いまここ」を仮の姿として割り切っている者のことで、後者は日本での「いまここ」の生活を充実させようと考えている者のことである。後者の実習生は、制限の多い生活の中で、熱心に日本語を習って日本人との国際交流を希望したり、地域日本語教室へ可能な限り通うような積極性があると指摘する。技能実習生は3年間で入れ替わり、最大の来日目的はお金を稼ぐことで地域での国際交流も限られているため、特に本国志向型の実習生は、自身の経験を広げたいという発想が生まれにくいことを示唆している。このように日本語学習や交流にあまり意欲的ではない実習生もいる一方で、お金を稼ぐことに終始せずにキャリアアップや心理的安定等のために日本語教室を利用している技能実習生がいる現状を明らかにした。しかし、会社の業務量が多く残業が増えると、日本語教室へ通うことが困難となる現状についても示唆している。

地域日本語教室が技能実習生の日本語学習に与える影響や学習内容に焦点を当てた研究について、樋口（2019）が複数の日本語教室に通ったベトナム人技能実習生へインタビュー調査を実施している。近隣に複数の日本語教室があることが多くの日本人と接する機会を増やしていること、またそれが会話能力向上につながる可能性のある点を示唆している。日本語教室に通うことで、限られた時間内で将来を見据えた学習を進めることができ、日本語能力試験対策を通じて日本語力を向上させられるとのことである。ただし、日本語教室に通うことや学びを続けることは容易ではなく、学習者の強い意志が不可欠である点も明らかにしている。また、地域日本語教室の学習コンテンツが会話中心である点、そして専門的に日本語を学ぶ機会を望む実習生がいる可能性と地域日本語教室がそのニーズに応えきれていない現状についても示唆している。

技能実習生たちの日本語の学習環境やキャリアパスの実態について、中川ほか（2018）がベトナム人技能実習生および受入れ団体へのインタビュー調査を実施している。ベトナム人技能実習生は、経済力の向上だけでなく、高い日本語能力でキャリアアップを図る強い動機付けを持って生活を送っていることや、受入れ団体側も実習生のキャリアアップ支援の視点を持ち、日本語学習環境の確保に努めている可能性がある点を示唆している。一方で、仕事をしながら日本語学習を続ける困難さ、そして地域日本語教室の必要性についても指摘している。ベトナム人技能実習生の日本語習得のプロセスとして、①技能実習に必要な日本語の習得、②日本人スタッフとの日常的なコミュニケーション能力の習得、③将来の専門職獲得に向けた資格（日本語能力試験）取得という流れを挙げた上で、一般的に受入れ団体が日本語教育支援を行うことは難しい点や、その支援が受入れ事業所側の経済的な余裕に左右される点、そして資格取得のための学習環境を整えることの難しい点を示唆している。

このように、技能実習生の中にはお金を稼ぐことだけに終始せず、キャリアアップを図るために高い日本語能力を身につけようという動機を持って地域日本語教室へ通う人がいることが明らかになっている（落合 2010; 中川ほか 2018）。また、企業の中にはベトナム人技能実習生の日本語習得支援や、技能実習生と地域社会を繋げることに意欲的な企業があるものの、その支援体制を整えるのが難しいため、日本語を学習する上で地域日本語教室の存在が必要である現状が分かった（中川ほか 2018）。一方で、会社の業務によっては日本語教室に通うことが困難であり、通えたとしても仕事で日本語を使う機会が少ないなどの理由で学習継続は容易ではなく、学習に対する強い動機無しに学習継続が難しい点が明らかにされている（落合 2010; グェン 2013; 中川ほか 2018; 樋口 2021）。

地域日本語教室での学習者と支援者の関係性について焦点を当てる研究も行われている。佐藤ほか（2018）は、3つの地域日本語教室で、日本人支援者を対象にインタビューおよび参与観察を行っている。1つ目の地域日本語教室は、外国人配偶者を対象とした教室である。学習者は当初日本語を全く話せず日常生活でストレスが溜まっていたが、支援者が学習者の日常の悩みに耳を傾け、学習面でも支援者やクラスメイトがサポートしたことで精神的な辛さが軽減されていったことを指摘している。そして、地域日本語教室は支援者と学習者の双方で心の拠り所になりうる存在であることを示唆している。支援者が学習者との関わりを通して自分の居場所を形成していること、また学習者は日本語学習や日常生活の支援を通じて信頼関係が築かれ日本語教室が心の拠り所となっていることを明らかにしている。２つ目の地域日本語教室は、ベトナム人とイタリア人の技能実習生が対象である。日本語教室内外での交流も通じて、異文化の中で暮らす学習者にとって、交流がストレス解消と重要な他者との交流の場となっていると示唆している。また、学習者と支援者が協働することで支援者は自身の活動意義を示す絶好の機会となる点を指摘している。３つ目の地域日本語教室については、外国人配偶者とその子供、公的機関研究員とその家族、留学生、ＡＬＴなどを対象としている。地域の国際交流の意義として、外国人が日本語を学ぶこと以外に必要な日本文化の学習に役立つ点、過疎地域に外国人を呼び寄せる方策である点を指摘している。最後に、３つの調査地の共通点として、支援者はやりがいや生きがいを求めて地域日本語教室で日本語を教えており、学習者と苦悩や喜びを分かち合う経験を通じて、支援者の人間形成も行われていることを示唆している。

地域日本語教室における外国人支援の現状についての研究としては、山辺（2011）が日本各地の地域日本語教室を視察し、その関係者へのインタビューを行っている。この調査を通じて、地域日本語教室に「居場所」（山辺 2011: 66）の視点が必要であると指摘している。教える日本人と教わる外国人で生じた関係性が硬直化し、息苦しさを感じる外国人がいる一方で、不安を抱えた外国人が温かく迎えられ、楽しみながら学習ができている日本語教室もあることを示し、日本語教室の機能を５つ挙げている。居場所・交流・国際理解・地域参加・日本語学習の５つである。特に居場所が最重要で、５つの機能の中でも居場所が上位概念であり、そのもとに残りの4つの機能が果たされると指摘する。この居場所が機能するには、外国人と日本人が、それぞれが教えるものにも教わるものにもなる対等な関係性が構築される必要性があると示唆している。

地域日本語教室に通う動機付けについての研究もある。樋口（2021）は地域日本語教室へ通うベトナム人、タイ人、フィリピン人、インドネシア人の技能実習生へのインタビュー調査を行っている。この結果をもとに、彼らは日本語を学ぶだけではなく、人との繋がりを求めて日本語教室へ通っていることを示唆している。日本で生活する上での情報収集、相互理解、友人作りなど、日本語能力の向上以外に魅力を感じて地域日本語教室に集まっていることを確認しており、地域日本語教室が彼らにとって安心して日本語が話せる環境として位置付けられている点を示唆している。一方で、地域日本語教室の実情と技能実習生の意識のずれについても指摘する。技能実習生は、地域日本語教室を学習の場として捉え、ボランティアの支援者を専門の日本語教師であると思っているが、地域日本語教室はボランティアの高齢化や若い世代のボランティア不足、場所や資金の確保に苦労しながら専門家ではないボランティアが日本語を教えている現状があり、そのために双方の認識がうまくかみあっていない可能性があることを示唆している。ボランティアによる限られた時間で運営される地域日本語教室では、専門的な日本語教育は不可能であるため、日本語教室は「教える・教えられる」の関係から脱却し、相互理解や共生を目的とした活動の方が好ましいのではないかと指摘する。日本語教室が「居場所」

になっていることを示唆しながらも、支援者であるボランティアは高齢であるため教室に通う学習者よりも年齢が高く、どうしても上下関係ができてしまい、対等であることの難しさを課題とする教室が多いことを明らかにしている。

これらの研究から、支援者や学習者同士の交流で日本語教室が学習者にとって安心できる場所になり得る点（山辺 2011; 佐藤ほか 2018; 樋口 2021）、また学習者だけでなく支援者にとっても地域日本語教室は心の拠り所になり得る存在である点が示唆されている。また、地域日本語教室は支援者を軸として地域住民と学習者が繋がることができる（山辺 2011; 佐藤ほか 2018）ため、居場所や地域交流などの機能を有する点が分かった。ただし、現在の日本語教室は支援者と学習者に「教える・教えられる」関係性があるため、日本語教室における多文化共生を実現するには、学習者と支援者の間で対等な関係性の構築が必要であることが分かった（山辺 2011; 樋口 2021）。

2-2　在日ベトナム人の定住および信仰継続に関する先行研究

在日ベトナム人の日本の居住地域での定住化のプロセスに焦点を当てた研究がある。荻野（2013）はベトナム難民[1]に対してインタビュー調査をしている。日本定住を始めた当初は援助を受ける立場だったが、ある時から社会的自立に向けた行動がとられ始め、最終的には「重要な他者」（荻野 2013: 22）との交互作用が発展した関係性が生まれることで、生活力を獲得していったという結論を導いている。つまり、近隣の人や職場の上司・同僚など、身近な場面で援助提供をする特定の日本人、つまり「重要な他者」の存在が必要であったとのことであり、「重要な他者」は、フォーマルなサポートが不十分な日本では援助提供者として重要な役割を担っているということが分かった。一方で、「重要な他者」の援助が必ずしも定住化につながらず、その反対の方向に作用する可能性についても指摘している。また、その援助が日常生活における人間関係で行われていることで、ベトナム難民と「重要な他者」との上下関係が生じている課題についても分かった。

在日ベトナム人が日本でコミュニティと社会的ネットワークを形成していく過程についても研究されている。川上（2001）は、１９８０年代から１９９０年代のベトナム難民の社会の生活について調査を通して、南北ベトナムの生活環境や、習慣の違いなどから、両者の間に文化的差異を感じる在日ベトナム人がいること、そして民族内コンフリクトが多かれ少なかれ生じ、それがコミュニティ形成に影響を与えた事実を指摘している。

カトリック教会とベトナム寺院に集まるベトナム難民の比較調査も行われている。カトリック教会には世界統一基準があるため、在日ベトナム人カトリック教徒は、来日後間も無く日本の教会に所属して、日本のカトリック教会の資源を用いることができることが示唆されている（野上 2010; 川上 2001; 戸田 2001）。日本全国のカトリック教会が相互連絡を取り合い、全国規模で一時滞在から定住まで首尾一貫した支援が行われていたとのことである（戸田 2001）。また、毎朝礼拝をする習慣があるため、近くに教会がある所に居住することは重要なことであり、教会が集住の条件の1つとなっており（戸田 2001）、日本語能力が低くテレビなどのメディアから情報を収集することが難しい在日ベトナム人にとっては、教会という場所が情報収集をする場にもなっていることが分かった（野上 2010）。カトリックの信仰継続については、川上（2001）が、カトリック教会で日本人信者とベトナム人がともに参加する形式のミサが行われたり、日本語使用が難しい場合は、定期的にベトナム人神父を招いてベトナム人だけのベトナム語ミサが実施されている事例を紹介している。聖職者の身分についても、どこの国のカトリック教会の資格であれ、世界中のカトリック教会で通用する（戸田 2001）など、カトリック教徒は仏教徒に比べて組織化されており、社会的ネットワークが形成されていることが分かった（川上 2001）。同じ教会を日本人と共有しているが、その組織やネットワークは在日ベトナム人だけで独自の働きをし、それらが宗教生活やエスニシティ、エスニックアイデンティティの形成において重要になっていることを示唆している。また、ベトナム人神父によるミサにおいては、ベトナム語による宗教世界が作られ、神父の説教では宗教的な内容だけではなく様々な情報共有がなされて、ベトナム文化保有の機会を得ながら、社会的ネットワークの形成の機能を果たすものになっていることが指摘されている（川上 2001; 戸田 2001）。

在日ベトナム人のカトリック教徒は比較的容易に信仰活動を確保できる一方で、仏教徒の信仰生活は困難であるとの結果が導かれている（川上 2001; 野上 2010）。ベトナム人仏教徒は、難民として来日した後、地域仏教寺院の浄土宗の寺院から墓地の場所を得たり、立正佼成会から支援を受けながら仏誕や、日本の盂蘭盆に近いブーランなどの仏教行事を行うための場所の提供を受けていた事実はあるが（戸田 2001; 野上 2010）、ベトナム仏教徒は習慣の大きく異なる日本の仏教団体を通じて宗教活動を行う中で信仰継続の難しさを抱き（戸田 2001）、さらに抵抗感から独自のベトナム仏教寺院の建立を目指すようになっていったことが分かった（野上 2010）。建立されたベトナム仏教寺院について、同様に難民として来日したベトナム人僧侶が管理を担い、仏教徒からの寄付金をもとに、定期的に説法や行事を行っているとのことである。ブーランの仏教行事を行った際には、２５０人もの人々が集まっていたが、寺院に通う理由については、先祖崇拝などの宗教的な理由だけでなく、同郷の人とベトナム語を話せることや、生活に有効な情報交換をすることも指摘されている。在日仏教徒が、既存の日本の寺院を用いず、明らかに「ベトナムらしい」建物を建て、「ベトナムらしい」仏像を置いている点を挙げ、在日カトリック教徒と利用施設の面で大きく異なっていることを示唆している（野上 2010）。

また、川上（2001）は、在日ベトナム人仏教徒はカトリック信者よりも数が多いにもかかわらず、カトリック信者に見られるような全国的なネットワークがなく、日本の地域仏教寺院の檀家に入ったりしないことが信仰継続の難しさに繋がっていることを示唆している。ベトナムでは月に二回は近隣の寺院にでかけ、読経や礼拝をするのが一般的であったが、日本では近くにベトナム仏教寺院がないことや、日本社会のコンテクストにより、自宅に仏壇を設置して読経を行ったり、食事をとらない戒律を月に一度行うなど、個別に宗教的な生活を送る人もいることが分かった。戸田（2001）によれば、僧侶の養成についても、日本社会の資源を使うことができなかったため不可能であったとのことである。ベトナム人が日本の仏教界で僧侶になったとしても、日本化した僧侶となってしまいベトナム人のための僧侶にならないこともその理由として挙げられている。そういった面からも仏教徒の信仰の場は極めて限定的で、宗教的な生活の面で巨大な空白が生じている現実を示唆している。

また、仏教とカトリックの信仰継続についての共通点として、川上（2001）は以下について示唆している。まず、宗教生活は、常にディアスポラとしての特質を有し、常に祖国等にいる家族や親族との関係性によって規定されているのが特徴的であるとのことである。そして、日本社会におけるコンテクストに規定されていて、日本社会の宗教的規範や宗教的な場の創造の困難さ等が、彼らの宗教的世界を外側から規定していき、宗教実践に自己同一化できずに、不安や恐怖等の不安定性を想起している。そのため、祖国の言葉での信仰の欲求や宗教的リーダーの求心力が強まり、宗教心が強化されているといえる。宗教実践について、自己の家族、自己と祖国のつながりの確認、いわば「一時の安定」を求める場、自己のエスニックアイデンティティ形成の場とも言え、宗教は重要なファクターであると考察している。

これらの先行研究から、ベトナム難民の定住に向けた支援の調査を通じて、近隣の人や職場の上司など、身近な場所で援助や提供をする特定の日本人である「重要な他者」の存在が必要であることが明らかになっている（荻野 2013）。ベトナム人の信仰継続については、キリスト教が世界統一基準を有するために、日本の教会での信仰継続が比較的困難ではないことが分かった（野上 2010; 川上 2001; 戸田 2001）。また、教会は日本人信者や同郷の人とのネットワーク創出や、エスニックアイデンティティ形成の場にもなっていることが見られた（川上 2001; 戸田 2001）。一方で、日本の仏教界もベトナム難民の信仰継続の支援はあったものの、体系だったものではないために、信仰継続が容易ではなかったことが明らかになった（戸田 2001; 野上 2010）。ベトナム様式の仏教施設にこだわって日本の仏教寺院を利用する傾向はないこと（野上 2010）や、近隣にベトナム寺院があるわけではないために個別に自宅で宗教的な生活を送る人もいること（川上 2001）から、ベトナム仏教徒の信仰の場が極めて限定的であったことが分かった（戸田 2001）。また、支援を受けたとしても、習慣の大きく異なる日本の仏教団体を通じて宗教活動を行ううちに抵抗感を抱き、それが独自のベトナム仏教寺院の建立を希望することにも繋がっていることが見られた（野上 2010）。また川上（2001）が示すように、ベトナム仏教寺院に通っていたベトナム難民は、先祖崇拝などの信仰だけではなく、同郷のベトナム人との交流や情報収集も求めて参拝する傾向にある。宗教全般については、日本で宗教的な場の創造が困難で不安感を抱くため、宗教的なリーダーの求心力や宗教心自体が強まる傾向にあることが分かった。また、宗教実践は、自己の家族や祖国との繋がりの確認、また一時の安定や自己のエスニックアイデンティティ形成の場を求めて行われているということが明らかになった（川上 2001）。

2-3　多文化共生に果たす宗教の社会的役割に関する先行研究

移民の宗教について、移住先で必ずしも熱心な宗教生活を行うとは限らないものの、移民は多くの場合母国での信仰を移住先でも継続しようとすると考えられている（白波瀬・高橋 2018）。しかし、宗教の社会的な包括機能としての働きについては、アメリカでは「橋」と捉えられるのに対して、欧州では「壁」と捉えられるなど、一筋縄にはいかないと指摘されている（Foner and Alba 2018）。移民が集う宗教組織については、特定のエスニシティの信者に独占されている「モノエスニックな宗教組織」と、複数のエスニシティを含む「マルチエスニックな宗教組織」の2つに大きく分けられる（白波瀬 2016: 104-105）。さらに、宗教組織における複数のエスニシティの間の関係性も分類されて、同じ信仰を共有しつつ異なる文化的背景を持つ宗教集団が同一組織内で築く多文化共生へ向けた活動を「宗教組織内〈多文化共生〉」（高橋 2015: 79）とし、宗教組織やその関係者を資源として社会における一般的な多文化共生へ向けた活動を「宗教組織外〈多文化共生〉」（高橋 2015: 80）と分けられている。日本では、マルチエスニックな宗教組織はカトリック教会とイスラームのモスクが該当し、モスクでは日本人の数が少ないのに対して、カトリック教会は元々日本人が大多数であったために日本人の数も少なくないとのことである（白波瀬 2018）。また、日本で移民が信仰の場を得ようとする際、自前で設立するパターンと、既存の宗教施設を利用するパターンとに大別されると指摘する。イスラム教徒の場合は前者が多く、カトリック教会の場合は世界共通の典礼様式を備えているためカトリック信者は基本的に後者になるとのことである（白波瀬 2018）。

日本に暮らす移民と宗教組織の関係性について、白波瀬（2018）は、日本の移民は特定のエスニシティで内閉しやすく彼らの宗教活動と日本人が関わる機会が乏しいため、寺院が多文化共生という観点から論じられることは少ないと指摘する。白波瀬・高橋（2012）は、神社や仏教寺院などの伝統宗教が外国人住民への積極的な布教や支援を行っていないこと、創価学会等の新宗教などには外国人信者が一定数いるものの、日本人信者と外国人信者が分断され施設を共有している程度である実態を明らかにしている。また、多くの日本人は宗教への所属意識が明確ではなく、信仰も頻繁に行うわけではないため、その重要性が過小評価される傾向にあることを示唆している（白波瀬・高橋 2012）。

多文化共生という観点で社会学的もしくは宗教学的に宗教組織の取り組みが論じられるようになっているが、その大半が移民支援の先駆者のカトリック教会の事例であると指摘されている（白波瀬 2018）。特にリーマン・ショック後、公的援助が行き届かない緊急事態ではカトリック教会が一時的にではあるものの、支援の拠点として重要な役割を果たしてきた（白波瀬・高橋 2012）。従来のエスニック集団の教会を越えて、集団間の連帯を生み出すきっかけになったとのことで、行政のなしえなかったこととして重要視されている。普段から「見えない外国人」と教会で信仰を通じて日常的に関係性を持っていたことが根底にあったことを挙げ、単なる信仰の面だけでなく、偏見や差別、排除の対象になる異国での社会を生き抜く社会関係資本としての宗教の役割が強調されている（白波瀬・高橋 2012）。

一方で、カトリック教会の限界についても指摘されている（白波瀬・高橋 2012）。通常政教分離の観点から行政は宗教団体とは連携しない傾向にある点、また伝統的な教会活動のイメージを強く内面化した日本人信者にとっては、新しい在日外国人支援などの社会運動に対して保守的な面があるため、カトリック教会が外部に十分に開かれていないのである。その上で、現代の日本では海外からの移住者たちが信仰の拠り所として宗教施設に集い、そこを拠点として様々な社会活動の場を広げていっているため、宗教施設は同じ施設に集まる同郷や他の地域の出身者たちとの関係性構築の場となりうる可能性を示唆している（白波瀬・高橋 2012）。

また、カトリック教会の取り組みは、「宗教組織内〈多文化共生〉」（高橋 2015）にとどまるものが大半であるため、信者以外に認知されづらいことが課題であり、地域の日本人に認知されるには「宗教組織外〈多文化共生〉」（高橋 2015）を志向する必要があることも示唆されている（白波瀬 2018）。日本において「宗教組織外〈多文化共生〉」（高橋 2015）が進みにくい根本的な理由の一つとして、上記でも触れたが政教分離の原則がある。それを乗り越える手段として、宗教法人以外の法人格で団体を結成することが提案されている。宗教組織は同質性を媒介にして「結束型」の社会関係資本を形成しやすいということと、宗教組織ではなく宗教組織に併設された団体であれば異質性を媒介にして多様なメンバーを結びつける外交的な性質を持つ「橋渡し型」の社会関係資本を形成しやすく、「宗教組織外〈多文化共生〉」（高橋 2015）が進みやすいということが分かった（白波瀬 2018）。

多文化共生に果たす宗教の役割という観点から日本のベトナム難民の受入れと定住の過程を研究したものもある（高橋 2018）。ベトナム本土は、フランスの植民地支配の影響もあってカトリック教会の勢力が拡大した歴史があったが、ベトナム戦争終結後社会主義体制下におけるカトリック信者への抑圧・迫害が強まり、信仰問題を理由に難民となった人もいるためベトナム難民にはカトリック信者が多く含まれている。そういった背景から、カトリック教会はベトナム人のコミュニティ形成に大きく寄与し、エスニックアイデンティティやベトナム文化の保持・継承の役割を果たした（川上 2001; 戸田 2001）と指摘する。他方で、ベトナム人仏教徒の組織化はそれほど進まなかった（戸田 2001; 野上 2010）ことを前提に、仏教界の支援についても触れている。仏教系の新宗教の立正佼成会は、信仰上の理念にもとづき社会活動へ積極的に参加しようとする指向性が強かったという。これら、宗教組織の関わりは唐突に始まったわけではなく、着手する条件や要請が教団内にすでに存在していたと述べている。これは「宗教組織外〈多文化共生〉」（高橋 2015）的な活動であり、〈公共領域への社会活動に高い関心を示す実績であることが分かった。

ベトナム難民の定住のパターンとしては、定住促進センターなどが存在するために関西や関東に集住する傾向があるとし、そこでの集住地域が形成されていく要因としては、宗教施設

（特にカトリック教会）以外にも、仕事、安価な住宅、交通の便、エスニック食品を扱う商店、ベトナム人のネットワーク、生活保護の受けやすさが挙げられている（高橋 2018）。難民という経験は心身にダメージをもたらすが、中には精神疾患に苦しめられる人々も少なくないという。精神疾患を有するエスニックマイノリティは、ホスト社会への適応が難しいだけでなく、同胞のコミュニティからも周縁化され、排除の対象となっていく傾向にあるとのことで、宗教が精神的・感情的にポジティブな影響を与えると指摘している。これらを踏まえて、ベトナム難民の受入れと定住の過程において、宗教が果たした役割は非常に大きく、宗教が結束型と橋渡し型の双方の特徴を持つ社会関係資本の醸成を促してきたことを示唆している（高橋 2018）。

一方で、高橋（2018）は、宗教による難民や移民への支援の限界も指摘する。日本社会に政教分離の原則があり、一般の人々の間に宗教に対する無関心・無理解・警戒心が色濃く存在している現状を示唆している。また、数ある宗教組織や宗教者のうち難民や移民との多文化共生に対して問題意識を持っているのはごく一部であり、実際に関与しているのは一部の宗教者や信者でその多くは専門的な支援組織ではないために、少数の個人的な尽力・献身に依存している点を指摘している。そして、支援する宗教組織へアクセスできるルートは限定的で、全ての人が社会関係資本としての恩恵を受けられるわけではないことについても問題視している。その上で、難民支援に対する宗教界の存在感の大きさ、および市民社会と宗教界の連携の必要性が示唆されている（高橋 2018）。

在日ブラジル人に対するカトリック教会の多文化共生に向けた活動についての調査もある（星野 2018）。日本の高度経済成長期の1980年代から、ブラジル在住の日系人で出稼ぎに来日する人が急増し、最も多かった時期（2007~2008年）には30万人以上が日本で暮らしていたとのことである。政府、地方自治体でも多文化共生の施策は行われてきたが、在日ブラジル人が景気の変動に対して極めて脆弱な立場に置かれていることや、独自のコミュニティの脆弱さも指摘されている。また、在日ブラジル人が地域社会から不可視の存在となっており、「顔の見えない定住化」（梶田ほか 2005）が起こっているとのことである。宗教については、ブラジル人だけの空間を創出できないカトリック教会よりも、ブラジル人もしくは在日ブラジル人自身が牧師を務め、エスニック・ネットワークを通じて教勢を強められるプロテスタント教会に通う傾向にあるとのことである。モノエスニックな空間であるプロテスタントと違い、カトリック教会はブラジル人だけの空間ではないためマルチエスニックと言えるが、その意義はホスト社会の日本人信徒やその関係者との接点を持てる点にあると指摘する。特筆すべきは、言語の壁に苦労する日系ブラジル人を前に教会内に日本語教室が開かれていた点である。この在日ブラジル人への信仰や言語面での支援は「宗教組織内〈多文化共生〉」（高橋 2015）のカテゴリーに入るが、この支援はベトナム難民に対して手厚い支援を施した経験が大いに関係していると述べている。また、2000年代以降のカトリック教会では信徒の高齢化が問題視されていたことを背景に、「宗教組織内〈多文化共生〉」（高橋 2015）に従事する聖職者たちは在日外国人信徒の増大を恐れではなく恵みとして捉えられていたと指摘する。２００８年以降、世界的不況により解雇された在日ブラジル人に対して食料や物資などを無償で渡すような支援が行われるが、その窓口に立っていたのはカトリック教会を中心とする宗教組織であったとのことである。この非常時における公私連携モデルとして、「宗教組織内〈多文化共生〉」（高橋 2015）の経験が「宗教組織外〈多文化共生〉」（高橋 2015）に敷衍した例として、極めて興味深い事例であると述べている。とはいえ、非常時だったからこそ発露できた面が否めず、平時における多文化共生の活動としては他のＮＰＯと比べるとあまり多くなく、地域社会とカトリック教会の関係性もケースバイケースである点、地域社会と教会が連携するには地域の特色や日本特有の宗教への忌避感なども足枷となっている点を挙げ、一筋縄ではいかないとも述べている。

戦前から戦後にかけて朝鮮半島から渡ってきた人々とその子孫である在日コリアンを支えた韓国系キリスト教会の社会活動についての研究もある（荻 2018）。国内最大の在日コリアンの集住地域である大阪市生野区にある教会が、在日コリアンの高齢化が問題視されていることを背景に、地域住民にも開かれた地域福祉活動として展開させた「老人大学」がその調査地となっている。老人大学は在日コリアンや１９８０年代以降に増えた韓国系ニューカマーの固定的な信徒層からの固定的な財源をもとに、文化活動の場を提供している。在日コリアンの割合は必ずしもキリスト教がマジョリティではなく多くが無宗教を自認しているため、老人大学の参加者に対して直接的な伝道を行わず信徒になってもらうことを目的としないという当教会の牧師の方針によって、宗教組織をベースとする社会的な活動が一般の人に受入れられやすくなったのではないかと指摘されている。

この教会の活動は、教会の資源を用いて地域の在日外国人高齢者を支援する多文化共生の取り組みであり、「宗教組織外〈多文化共生〉」（高橋 2015）に該当するという。特徴的なのは、この教会は自教会で財源を確保できているにもかかわらず、公的機関と関わって行政の補助金を得ている点である。さらなるサービスの向上や活動の信頼性を担保させるために公的機関との協働が効果的と考えたのだろうと述べられている。また、通常「支援される側」として扱われがちなニューカマーが、活動を支援する側としてその中心メンバーにいる点が特徴的である。異郷の地で暮らす移住者にとってエスニック・チャーチは単に信仰する場としてだけではなく、母国の文化を維持・継承する機能を有するほど重要な役割を果たすと述べている。日本で社会的なネットワークを構築する機会が必ずしも多いわけではないため、教会はそういった人々にとって宗教を通じた交際の場となっており、教会内での社会関係が日常生活と切り離せないほどに関連するようになっていることが少なくないという。そのため、韓国系ニューカマーの人々が同胞との関係構築を図ったり維持したりする上で、教会の奉仕活動への参与は重要な機会になっていると指摘されている。

カトリック教会を基盤とするフィリピン人コミュニティについての研究もある（永田 2018）。日本のカトリック教会を基盤とするフィリピン人コミュニティで、同じ信仰を持つ日本人が他の国籍の人々と繋がることができ、「宗教組織内〈多文化共生〉」（高橋 2015）が実践される場となっている事例が紹介されている。この教会の神父が中心となってカトリック系の社会福祉法人を設立し、行政の委託を受けて地域・多文化交流ネットワークサロンを運営しているが、この活動にフィリピン人コミュニティが関わることで、それまで繋がりの少なかった地域の人たちとの関係性が生まれていったとのことである。

このサロンの運営母体のカトリック系の社会福祉法人は、長年地域における様々な社会活動の拠点として機能してきた経緯があるのだが、宗教色を抑えて社会活動を前面に出してきたことで、カトリック信徒以外の人たちが活動しやすくなったと指摘している。特に、宗教色を抑制しつつも、その宗教の看板を下ろしていなかったことに注目をしている。そのことで、フィリピン人たちが宗教意識を高める場でありつつ、地域との関係の橋渡しになったと分析している。つまり、地域を改良する社会福祉的な視点と、カトリック信徒の宗教実践という視点があるとのことである。そして、この過程を、カトリック教会を基盤とする「宗教組織内〈多文化共生〉」（高橋 2015）の実践が「宗教組織外〈多文化共生〉」（高橋 2015）に接続されていく過程として解釈されている。その上で、宗教が包摂の「橋」となり、異なるエスニシティの人たちの繋がりを生み出す起点として作用する可能性が示唆されている（永田 2018）。

これらの先行研究を踏まえると、移民は必ずしも熱心な信仰生活を送るとは限らないものの、多くの場合母国での信仰を継続しようとすることが分かった（白波瀬・高橋 2018）。しかし、宗教の社会的な包括機能としての働きとして、アメリカでは「橋」と捉えられ、欧州では「壁」と捉えられるなど、移民の宗教を扱う問題は一筋縄ではいかないということである（白波瀬・高橋 2018; Foner and Alba 2008）。移民が集う宗教組織については、特定のエスニシティの信者に独占されている「モノエスニックな宗教組織」と、複数のエスニシティを含む「マルチエスニックな宗教組織」に類型化でき（白波瀬 2016; 白波瀬・高橋 2018）、さらに、同じ信仰を共有しつつ異なる文化的背景を持つ宗教集団が同一組織内で築く多文化共生へ向けた活動を「宗教組織内〈多文化共生〉」、宗教組織やその関係者を資源として社会における一般的な多文化共生へ向けた活動を「宗教組織外〈多文化共生〉」と分類されることが示されている（白波瀬・高橋 2018）。

しかし、日本人の信仰が頻繁ではないため、外国人の信仰継続は過小評価される傾向にあり、教会や仏教寺院が外国人の信仰継続と多文化共生の拠点とみなされて論じられることは少なく、多文化共生の観点で宗教組織の社会活動が論じられるのはほとんどがカトリック教会についてである（白波瀬・高橋 2012; 白波瀬 2018; 永田 2018; 荻野 2018; 星野 2018）。そして、その取り組みの大半は「宗教組織内〈多文化共生〉」にとどまるため、外国人が信者以外に認知されづらいことが課題として挙げられ、「宗教組織外〈多文化共生〉」を志向して地域の日本人との繋がりを生む必要性のあることが分かった（白波瀬 2018）。さらに、宗教組織は同質性から「結束型」の社会関係資本を形成しやすいが、「宗教組織内〈多文化共生〉」の実践を「宗教組織外〈多文化共生〉」に接続させることで、多様なメンバーを結びつける「橋渡し型」の社会関係資本を形成しやすくなり、「宗教組織外〈多文化共生〉」が進む可能性のあることが明らかとなっている（白波瀬 2018; 永田 2018）。また、宗教組織の社会関係資本としての恩恵を受けられるのは一部の人にしか過ぎない点が問題視され、その上で、市民社会と宗教界が連携する必要性のあることが分かった（高橋 2018）。

2-4　地域での国際共修に関する先行研究

国際共修については、実践例は大学現場で行われるものが多いのが現状であるが、地域における国際共修も注目され始めている。地域での実践については、地域で働く日本人と外国人留学生、日本人学生によるプロジェクト型国際共修がある（水松 2017）。地域の百貨店と共同で授業を展開することで、大学の所在する地域の理解を深め、地域で働く人々と接触して関係性を築きながら、地域の抱える国際的な課題に向き合う取り組みの実践を踏まえた研究が行われている。国内学生と国際学生の協働プロジェクトでは、意図的な異文化接触機会が設定され、異文化理解や自文化理解だけではなく、行動力や主体性を養成することがデザインされている。異なる文化背景となる学生たちとの協働学習が自己効力を高める機会になっていることが示唆されている。

また、留学生のアイデンティティの変化に着目しながら、実践されたものもある（島崎 2017）。

留学生が日本人学生とチームを作って地域住民と共に地域の踊りを練習して参加する国際共修である。留学生は大学の自分たちのコミュニティから地域のコミュニティへと越境し、学びを深めたとのことである。データは留学生からだけではなく地域住民からも収集されているが、地域住民側は留学生を受入れることに対して必ずしも全員が好意的だったわけではなかったことが指摘されている。外国人の多い地区ではないため、外国人に接した経験が少ないために抵抗感があったとのことである。留学生も、地域住民から「よそ者」と位置付けられて拒否されていることを感じ取っていたことを述べている。その際、地域と留学生に慣れたものが仲介者として介在したこと、また同じ目標に向かって新たな実践を創造していたことがうまくいった理由として挙げられている。この過程を経て、留学生が地域の一員になれたことが自覚されて新しいアイディンティティを得ていったことが示唆されている。

さらに、国内学生と留学生が地方都市の行政職員とともに実践した国際共修プロジェクトについての調査もある（島崎 2019）。留学生が地域住民と何かを作り上げることを通じて何か1つの目標に向かって協働する中で、留学生と地域住民の双方に学びが生じる可能性が示されている。協働する際には、ゲストとホストの関係で一方的なものではなく、様々なインターアクションが生じるように仕掛けるとともに、参加者に常に一緒に協働する仲間という意識を持たせることが重要であると指摘されている。地域住民にとって、これまで外国人と接する機会がなかったとしても、今後接する可能性が高いことを踏まえ、異なる背景を持った人とどのように協働するか、議論するかといった良い学びの場になるという意味で、国際共修は異文化理解のレディネスを高める機会となり得ることが示唆されている。

これらの先行研究から、国際共修を行うにあたり、異文化接触機会を仕掛けることで、異文化理解や自文化理解だけではなく、行動力や主体性が養成されていき、自己効力を高めることに繋がることが分かった（水松 2017）。また、外国人に接した経験が少ない地域住民には、国際共修をするにあたり抵抗感が生じる可能性があることが見られた（島崎 2017）。受入れられる側にも疎外感が生じる傾向にあることから、多文化共生を進めるには、両サイドに慣れたものが仲介者として介在するとともに、同じ目標に向かってプロジェクトを実践し関係性を創造していくことが効果的であることが分かった（島崎 2017）。また、協働する際には、ゲストとホストの関係で一方的なものではなく、様々な交流が生じるように仕掛けるとともに、参加者に常に一緒に協働する仲間という意識を持たせることが重要であることが明らかになった（島崎 2019）。

2-5　先行研究の問題点

先行研究からベトナム人技能実習生が日々の単純労働で多くのストレスを抱えていることや、キャリアアップ志向から日本語学習意欲を持っていることなどの実態は明らかになっているものの、２０１６年の技能実習制度の見直し以降の調査については十分な蓄積がない。劣悪な環境で働く技能実習生のライフラインである地域日本語教室における地域住民との交流の実態はいかなるものか、技能実習生の地域での心理的な葛藤や精神的支柱は何であるか、そのことについて当事者の立場から明確にする研究の必要性があるにもかかわらず、研究は不足しているのが現状である。いまだ可視化されていないベトナム人技能実習生の地域社会における人との繋がりや仏教徒の信仰について、ベトナム人技能実習生の視点をもとにした調査で、その実態を明らかにする必要がある。

ベトナム人の信仰継続や地域社会との関係性構築についての研究は、集住するベトナム難民の宗教支援についての調査はあるものの、キリスト教のものが主である。非集住地域の外国人仏教徒の信仰継続に関する研究は、今後の外国人の日本定住に向けて喫緊の課題である。また、外国人支援という視点での研究ではなく、外国人と地域住民が地域社会を協働で創造する多文化共生という視点で、宗教の社会活動を捉え直していく必要性がある。特に、地域社会のハブ的な存在である地域仏教寺院の関わる外国人仏教徒の信仰継続活動および寺院と地域社会の連携した国際共修の実態調査を、外国人仏教徒の視点から明らかにしていくことが必要であると考えられる。

２−６　研究課題

上記の先行研究の問題点を踏まえて、本研究では、以下の３つを研究課題に設定する。

課題１：仏教徒のベトナム人技能実習生は地域でどのような心の拠り所を持って生活しているか（第１研究）

課題２：地域仏教寺院の主催するベトナム仏教法要はベトナム人仏教徒の信仰や対人関係にどのような影響を与えるか（第２研究）

課題３：地域仏教寺院の関わる国際共修はベトナム人仏教徒の信仰や対人関係にどのような影響を与えるか（第３研究）

注

1　荻野（2013）によると、インドシナ全域に大きな犠牲者を出したベトナム戦争の結末として、ベトナム難民が発生した。日本においてボートピープルという言葉がベトナム難民という言葉とほぼ同義で用いられるが、実際はベトナムとの隣接国には陸路を通じて、また空路を通じて諸外国に避難して保護を求めたケースもある。諸外国と比べて、日本では都市部で施設を通じて援助が行われていたため、現在でも難民は都市部に集住して暮らしている。

第3章　研究方法

本章では、前章で設定した本研究の課題に対して実施する第1研究から第3研究について、その研究方法を述べていく。まずは、本調査を行うに先立ち予備的に行った調査について述べ、続いて本調査の概要（調査時期、調査対象者、データの収集方法、得られたデータの分析方法）について述べていく。

3-1　仏教徒ベトナム人技能実習生の心の拠り所はどのようであるか（第1研究）

第1研究では、非集住地域の仏教徒ベトナム人技能実習生の心の拠り所（信仰を含む）を捉えることを目的として、地域日本語教室を調査地として、仏教徒ベトナム人技能実習生に対して、質的および量的な調査（調査①および調査②）を実施する。詳細は以下の通りである。

3-1-1　仏教徒ベトナム人技能実習生の心の拠り所はどのようであるか（第1研究：調査①）

(1) 予備調査

本研究の調査地として、徳島県吉野川市の地域日本語教室[1]を選定した。徳島県の候補理由としては、県内の外国人労働者数の前年比の伸び率が12・7％増で外国人労働者が増加している地域の一つと考えられ、さらに県内の外国人労働者はベトナム人技能実習生が最多となっているためである。また、県内の技能実習生の割合は吉野川市が最多であったため（徳島労働局

2020）、吉野川市の地域日本語教室を調査地の候補とした。

吉野川市の地域日本語教室が調査地として相応しいか確認するために、合計4回予備調査を実施した。第1回の予備調査では、2020年6月に吉野川市国際交流協会(2)の会長および日本語教室の講師と面談を行い、吉野川市の地域日本語教室の実態について聞き取りをした。この日本語教室に通う受講生のほぼ全員が技能実習生で、ベトナム人が最多であることがこの調査で明らかになり、第2回の予備調査（2020年6月実施）では、日本語教室の様子を摑むために、実際に山川教室の開かれている吉野川アメニティセンターへ行って授業見学を実施した。図3－1は日本語教室での学習の様子である。

図3－1　日本語教室の学習の様子（著者撮影）

次に、ベトナム人技能実習生に対して、日本での生活実態や、仏教徒であるか否か、また日本滞在で信仰に困っているかどうかについて確かめることを目的に、第3回と第4回の予備調査を実施した。第3回の予備調査（2020年7月実施）では、鴨島教室の開かれている吉野川市文化研修センターにて、ベトナム人技能実習生4名に半構造化インタビュー[3]を約20分ずつ実施した。第4回の予備調査（2020年8月実施）では、山川教室で別のベトナム人技能実習生4名に約30分ずつ半構造化インタビューを実施した。この予備調査によると、予備調査対象者8人のベトナム人技能実習生の全員がベトナム北部ハノイ市近郊の地方出身者であった。中国文化の影響が強い地域出身からか、8名全員が仏教徒であり、吉野川市の地域日本語教室に通うベトナム人技能実習生は、仏教徒の割合が高いと考えられる。それゆえに、吉野川市の地域日本語教室は、非集住地域の仏教徒ベトナム人技能実習生の心の拠り所についての調査地として相応しいと判断した。以下、調査①と調査②について、それぞれ詳述する。

（2）調査対象者

調査対象者は、吉野川市国際交流協会主催の鴨島教室と山川教室の日本語教室に通うベトナム人技能実習生10名とベトナム人元技能実習生3名（表3-1）である。なお、予備調査で聞き取りをしたベトナム人技能実習生もこの中に含まれている。また、ベトナム人技能実習生の発言を補完することを目的として、関わりのある地域日本語教室の講師4名（表3-2）にも話を聞いた。

表3－1　調査①調査対象者（ベトナム人の技能実習生および元技能実習生）の一覧

	属性	職種	性別	年齢	日本滞在期間	出身地域	宗教	ベトナムでの信仰活動
G1	元技能実習生	縫製	女	30歳代	10年間	ハノイ近郊	仏教徒	毎月1-2回ほど寺院へ参拝
G2	元技能実習生	縫製	男	20歳代	2年間	ハノイ近郊	仏教徒	毎月1回ほど寺院へ参拝
G3	元技能実習生	縫製	女	30歳代	3年間	ハノイ近郊	仏教徒	毎月1-2回ほど寺院へ参拝
G4	技能実習生	縫製	女	20歳代	半年間	ハノイ近郊	仏教徒	毎月2-3回ほど寺院へ参拝
G5	技能実習生	縫製	女	20歳代	1年間	ハノイ近郊	仏教徒	毎月1回ほど寺院へ参拝
G6	技能実習生	縫製	女	20歳代	2年間	ハノイ近郊	仏教徒	毎月1回ほど寺院へ参拝
G7	技能実習生	縫製	女	30歳代	3年間	ハノイ近郊	仏教徒	毎月2回ほど寺院へ参拝
G8	技能実習生	縫製	女	30歳代	2年間	ハノイ近郊	仏教徒	毎月2回ほど寺院へ参拝
G9	技能実習生	縫製	女	30歳代	4年間	ハノイ近郊	仏教徒	毎月2回ほど寺院へ参拝
G10	技能実習生	介護	女	30歳代	1年間	ハノイ近郊	仏教徒	毎月2回ほど寺院へ参拝
G11	技能実習生	介護	女	20歳代	1年間	ハノイ近郊	仏教徒	毎月1回ほど寺院へ参拝
G12	技能実習生	縫製	女	20歳代	3年半	ハノイ近郊	仏教徒	毎月1回ほど寺院へ参拝
G13	技能実習生	縫製	女	20歳代	2年半	ハノイ近郊	仏教徒	毎月1-2回ほど寺院へ参拝

表3－2　調査①調査対象者（日本語教室講師）の一覧

	属性	性別	年齢	講師歴
T1	日本語教室講師（国際交流協会会長）	男	70歳代	7年間
T2	日本語教室講師	男	60歳代	2年間
T3	日本語教室講師	女	50歳代	3年間
T4	日本語教室講師	女	50歳代	1年間

（3）データの収集方法

データ収集のため、２０２０年9月から11月の間に、ベトナム人に対して20分から1時間半（30分を超える場合は2回から3回に分けて実施）の半構造化インタビューを実施した。日本語教室の講師については、２０２０年10月に約1時間のグループインタビューを実施した。調査対象者には、倫理的な配慮も行い、事前に「調査依頼書」（ベトナム人用にベトナム語版も作成）を読んでもらい、「研究倫理誓約書」（ベトナム人用にベトナム語も作成）への署名に同意を得られた場合に限り、インタビュー調査を実施した。すべてのインタビューは、書面で同意を得た上で、ボイスレコーダーに録音した。ベトナム人への質問内容は主に3つの事柄で、①日常生活の不安なことや辛いこと（質問例「日本で生活する上で、何が一番辛いですか」）、②心の支えになっていること（質問例「日本で生活していて、一番安心できるのはいつですか」）、③信仰する宗教とその信仰活動についての現状（質問例「信仰は十分に行えていますか」）である。日本語でのインタビューが困難な際、通訳者立ち会いのもと実施した。通訳者の立ち会いが困難な場合、ベトナム語の質問書にベトナム語で回答をしてもらい、翻訳者に日本語への翻訳を依頼した。

（4）分析方法

得られたデータは「修正版・グラウンデッド・セオリー・アプローチ（Modified- Grounded Theory Approach：M-GTA）」を用いて分析した。M-GTAとは、データの解釈から説明力のある概念の生成を行い、そうした概念の関連性を高め、まとまりのある理論を作る方法である（木下 2003）。時間にとらわれずに、過程や影響、関係性を質的に見ていきたいと思ったため、M-GTAによる分析が有効であると考えた。

データは、木下（2003）の手順に従って行っている。(4) 1件のインタビューが終了したら、すべて文字化して分析をし、次のインタビューを実施…と、インタビューと分析を繰り返していく。その文字化されたデータの中から、「心の拠り所」に関連する部分を抽出する。データ内にある具体例から概念を生成し、概念ごとに分析ワークシートを作成し、分析ワークシートには概念名、その定義、具体例および理論的メモを記入する。生成した概念は類似例および対極例といった比較の観点から解釈を行い、生成した概念同士の関係からカテゴリーおよびサブカテゴリーを生成する。生成されたカテゴリーおよび概念の関係を結果図およびストーリーラインで表す。新たな概念が生成されなくなったら、理論的飽和と判断し、インタビューを終了した。

3-1-2　仏教徒ベトナム人技能実習生の心の拠り所はどのようであるか（第1研究：調査②）

続いて、第1研究の調査②では、非集住地域の仏教徒ベトナム人技能実習生の心の拠り所（信仰を含む）を捉えることを目的として、地域日本語教室を調査地として、仏教徒ベトナム人技能実習生に対して、質的および量的な調査を実施した。詳細は以下の通りである。

（1）調査対象者

調査対象は、徳島県の吉野川市国際交流協会主催の日本語教室（鴨島教室）に通っていたベトナム人元技能実習生2名である（表3－3参照）。なお、この2名は「調査①」の調査対象者G1およびG2と同一人物である。この2名を選んだ理由としては、宗教との結びつきを見る上で最適であり、共に技能実習期間を終えているため客観的に振り返ることができると考えられたからである。さらに、日本語能力試験2級を取得して1級取得を目標と掲げる等日本語能力が高く、複雑な心理を面談の中で問題なく言語化できると考えたことも理由の一つである。ただし、会話中に日本語文法等で誤りが生じた際や、本書に抜粋する際は筆者の方で修正して記載した。

（2）データの収集方法

調査対象者G1とG2への調査は、2021年4月および5月の2回にわたって行い、所要時間はそれぞれ約2時間である。G1は日本語教室にて対面で実施し、G2は調査の直前にベトナムへ帰国したため、オンラインビデオ会議システムのZoomを用いて遠隔で実施した。

表3－3　調査②調査対象者一覧

	技能実習期間	年齢	性別	出身地域	宗教	ベトナムでの信仰活動
G1	2010年～2013年	30歳代	女	ハノイ近郊	仏教徒	毎月1-2回ほど寺院へ参拝
G2	2018年～2021年	20歳代	男	ハノイ近郊	仏教徒	毎月1回ほど寺院へ参拝

調査対象者には、倫理的な配慮も行い、事前に対面にて「調査依頼書」（ベトナム語）を読んでもらい、「研究倫理誓約書」（ベトナム語）への署名に同意を得られた場合に限り、このインタビュー調査を実施した。すべてのインタビューは、書面で同意を得た上で、ボイスレコーダーに録音した。

（3）分析方法

この調査で用いる分析方法は、ＰＡＣ分析実施法（以下ではＰＡＣ分析と略記する）で、ＰＡＣとは、Personal Attitude Construct（個人別態度構造）の略である。当該テーマに関する自由連想、連想項目間の類似度評定、類似度距離行列によるクラスター分析、被験者によるクラスターの解釈やイメージ、調査者による総合的な解釈を通して、個人ごとにイメージや態度の構造を分析する方法である。調査者のスキーマに不適合な調査対象者の独自性を排除せず、逆に積極的に取り上げて個人独自の態度構造を捉える観点を重視しているといえる（内藤 2002）。統計手法とカウンセリング手法の両方が包含された質的分析、言い換えると、量的研究が併用された研究方法であり、心理学を越えて幅広い分野で適用されている（内藤ほか 2008; 2011）。今回ＰＡＣ分析を選んだ理由は、特に仏教の信仰について少しでも統計的な結果を導き出したかったからであり、仏教徒のベトナム人技能実習生が何を心の拠り所とし、何に困っているのかについて独自の内面を心理学的に捉えたかったこともその理由である。

基本的な手順は、内藤（2017）を参考にしている。まず初めに、調査対象者に対して、連想刺激として、連想刺激文が印刷された文章を呈示するとともに、口頭で読み上げて教示する。ついで、おおよそ縦3センチメートル、横9センチメートルの大きさのカードを40枚程度調査対象者の前におき、頭に浮かばなくなるまで自由連想させて、カードに記入してもらう。この後、「今度は、言葉の意味やイメージがプラスであるかマイナスであるかの方向には関係なく、あなたにとって重要と感じられる順にカードを並べ換えて下さい」と教示し、想起順位と重要順位の一覧表を作成する。次に、全てのカードの対を選びながら、「あなたがあげてくれたイメージや言葉を書き記したカードの組み合わせを見て、その言葉の意味ではなく、直感的なイメージで、どの程度似ているかを判断して、その近さの程度を以下の尺度の該当する数字で答えて下さい。非常に近いは1、かなり近いは2、いくぶんか近いは3、どちらともいえないは4、いくぶんか遠いは5、かなり遠いは6、非常に遠いは7です」と口頭で教示し、上記7段階の評定尺度に基づいて、類似度を評定してもらい、各項目間の類似度距離行列を作成する。

その後、統計ソフトのHALBAU(5)を用いて、類似度距離行列をウォード法でクラスター分析し、デンドログラムを作成する。ついで、析出されたデンドログラムをプリントアウトして、デンドログラムの余白部分に連想項目の内容を記入し、調査対象者がまとまりを持つクラスターとして解釈できそうな群ごとに項目を読み上げながら、一緒にクラスター分けを行う。そして、まとめられた各群の意味する内容の解釈について質問を繰り返して、第1群と第2群、第１群と第３群、第２群と第３群というように、クラスター間を比較してもらって、イメージや解釈の同異について質問する。次いで、解釈しにくい項目を取りあげて補足的に質問した後、各連想項目のイメージがプラス（＋）、マイナス（－）、どちらとも言えない（０）のいずれかであるかについて答えてもらう。

3-2　ベトナム仏教法要はベトナム人仏教徒の信仰や対人関係にどのような影響を与えるか（第２研究）

地域仏教寺院の主宰するベトナム仏教法要への参加はベトナム人仏教徒の信仰、ベトナム人同士の繋がり、および日本人との繋がりにどのような影響を与えるかを明らかにすることを目的として第２研究を行った。

3-2-1　予備調査

本研究の調査地として、北九州市の地域仏教寺院の永明寺[6]を候補にした。候補とした理由は、ベトナム人仏教徒の信仰継続を目的とした活動をする数少ない例の一つと考えられるからである。予備調査は、２０２０年２月、当寺院にてM住職、住職の配偶者、当寺院主催の行事に参加経験のあるベトナム人２名に協力をしてもらい、約２時間の半構造化インタビューを実施した。

予備調査の結果、当寺院は長年にわたり、市民センターのように様々な目的で寺院を無料開放し、地域とのつながりを継続的に大切にしていることが分かった。その中で地域のベトナム人仏教徒との繋がりが自然と生まれ、彼らが仏教の信仰の場を求めていることに気づいた住職がベトナム仏教法要の実施を提案したとのことであった。この法要は２０１７年から毎年９月に実施され、ベトナム人を対象に、仏教法要（日本のお盆にあたる「＝ブーラン」）を行っていることが分かった。毎回、兵庫県のベトナム仏教寺院から、ベトナム人僧侶を招き、荘厳や形式も全てベトナム仏教式で実施したところ、参加者は毎回約１５０～２５０人でほとんどが若いベトナム人仏教徒であるとのことであった。ベトナム仏教法要を定期的に開催する地域仏教寺院としては数少ない例であり、非集住地域のベトナム人仏教徒の信仰継続を目的とした活動であると考えられるため、調査地として本研究に相応しいと考え本調査を実施することとした。

図３－２　永明寺でのベトナム法要の様子（写真：調査対象者Ａより）

図３－３　永明寺でのベトナム法要の様子（写真：調査対象者Ａより）

３－２－２　調査対象者

調査対象者は、永明寺のベトナム仏教法要に参加経験のあるベトナム人元技能実習生２名（法要参加時は技能実習生）と、ベトナム人大学生１名の合計３名となっている。詳細は以下の表３－４の通りである。

３－２－３　データの収集方法

本調査は、２０２０年８月～２０２１年５月において実施された。調査対象者３名に対して、半構造化インタビュー（複数回にわたって実施）をそれぞれ約１時間半～２時間行った。

倫理的配慮も行っており、調査対象者のインタビューは、「調査依頼書」を読んだ上で「研究倫理誓約書」への署名に同意を得られた場合に限り実施（日本語とベトナム語を準備）した。書面で同意を得た上で、全てのインタビューをレコーダーで録音している。

表３－４　調査対象者（ベトナム仏教法要参加のベトナム人仏教徒）の一覧

	属性	性別	年齢	日本滞在
A	ベトナム仏教法要参加者（大学生）	女	24歳	6年間（元日本語学習留学生）
B	ベトナム仏教法要参加者（元技能実習生）	男	25歳	4年間（2021年～「特定技能」）
C	ベトナム仏教法要参加者（元技能実習生）	女	30歳	3年間（技能実習期間：2016～2018年）

3-2-4　分析方法

永明寺のベトナム仏教法要に参加したベトナム人のインタビューデータをすべて文字に起こし、SCAT（Steps for Coding and Theorization）を用いて分析した。SCATは明示的で段階的な分析手続きを有し、比較的小規模データに適用可能である（大谷 2019）ため、本調査の分析に相応しいと判断した。SCATの手順としては、セグメント化した生のデータのそれぞれに対して、データの中の注目すべき語句を抜き出し、それをテクスト外の語句に言い換える。さらに、それを説明するようなテクスト外の概念に言い換えた後、そこから浮かび上がるテーマ・構成概念を抽出する。この順にコードを考えて4段階のコーディングを行い、そのテーマと構成概念を紡いで、ストーリー・ラインを記述し、理論記述を行っていく（大谷 2019）。

3-3　国際共修はベトナム人仏教徒の信仰や対人関係にどのような影響を与えるか（第3研究）

地域仏教寺院の関わる国際共修は、外国人仏教徒の信仰、外国人同士の繋がり、日本人との繋がり、および日本人の外国人に対する意識にどのような影響を与えるかを明らかにすることを目的として第3研究を行った。

３－３－１　予備調査

福岡市の地域仏教寺院の西林寺[7]を本研究の候補地とした。西林寺は隣接する吉塚商店街とともに、「リトルアジアマーケット[8]」というプロジェクトを開始したが、このプロジェクトでは外国料理店を誘致して、地域住民が外国人とともに共同で商店街を運営している。また、この一環で地域の仏教徒外国人の信仰継続を目的とした活動も行っているとのことで、調査地に相応しいかどうかを判断するために実態調査を行った。

図３－４　留学生と地域住民のシャッターアート（写真提供：Y住職）

図３－５　西林寺で参拝者の案内をするベトナム人仏教徒（写真提供：Y住職）

予備調査は、２０２０年８月～２０２１年４月の期間に、西林寺の本堂に複数回訪れ、西林寺住職（以下、「Y住職」とする）、ベトナム人仏教徒１人、商店街勤務の外国人１人の合計３名に協力してもらい、１人につき約１時間～２時間の半構造化インタビューを実施した。予備調査の結果、当寺院は、留学生の商店街シャッターアートを企画したり、寺院への外国人の参拝機会を作るなど、外国人仏教徒の信仰継続を目的とした活動や、外国人と地域住民の交流企画(9)を継続的に行っていることが分かった。その活動が地域住民からの信頼を生み、吉塚商店街の有力者（大企業の会長であるK会長）やY住職が中心となって、「外国人との共生・共修」をスローガンに掲げた「リトルアジアマーケット」のプロジェクトが立ち上がったことが分かった。その後東南アジア仏教様式の吉塚御堂が新たに建立されるとともに、Y住職が中心となって世話人会を発足させ、吉塚御堂を商店街のメンバーが共同で運営していることが分かった。

上記の予備調査の結果、西林寺の地域での活動や「リトルアジアマーケット」のプロジェクトは地域住民と外国人による国際共修と位置付けられるとともに、地域仏教寺院のY住職がこの国際共修に深く関わっていることが確認されたため、調査地として相応しいと判断し、本調査を実施することとした。

3-3-2　調査対象者

調査対象者は、西林寺に参拝経験のあるベトナム人仏教徒1名（A）、「リトルアジアマーケット」のプロジェクトメンバーであり吉塚商店街勤務の外国人1名（B）および日本人1名（C）の合計3名に協力してもらった。予備調査を通じて、Aがベトナム人仏教徒である点、BとCが国際共修参加者の外国人と日本人である点が分かったため、本調査の協力者として相応しいと判断し選定した。詳細は以下の表3-5の通りである。

表3－5　調査対象者（国際共修に関わりのある人々）の一覧

	属性	性別	年齢	日本滞在
A	ベトナム人仏教徒（専門学校生）	女	20代	6年間（日本語学校2年間を経て、現在に至る）
B	外国人（ミャンマー人）（吉塚商店街の料理店勤務）	男	20代	4年5ヶ月（日本語学校2年間、専門学校2年間を経て、現在に至る）
C	日本人（「リトルアジアマーケット」プロジェクトメンバー）	女	50代	—

3-3-3　データの収集方法

期間は２０２１年５月から２０２１年９月で、１人につき約１時間から１時間半の長さで複数回、半構造化インタビューを実施した。倫理的配慮も行っており、調査対象者のインタビューは、「調査依頼書」を読んだ上で「研究倫理誓約書」への署名に同意を得られた場合に限り実施した。書面で同意を得た上で、全てのインタビューをレコーダーで録音している。

3-3-4　分析方法

インタビューデータをすべて文字に起こし、ＳＣＡＴ（Steps for Coding and Theorization）を用いて分析した。明示的で段階的な分析手続きを有し、比較的小規模データに適用可能である（大谷 2019）ため、本調査に相応しいと判断した。ＳＣＡＴの手順としては、セグメント化した生のデータのそれぞれに対して、データの中の注目すべき語句を抜き出し、それをテクスト外の語句に言い換える。そして、それを説明するようなテクスト外の概念に言い換えた後、そこから浮かび上がるテーマ・構成概念を抽出する。この順にコードを考えて4段階のコーディングを行い、そのテーマと構成概念を紡いで、ストーリー・ラインを記述し、理論記述を行っていく（大谷 2019）。

注

1　吉野川市の地域日本語教室は毎週日曜日に開催されていて、午前中に山川教室、午後に鴨島教室でそれぞれ約2時間実施される。2020年度は新型コロナウイルスの感染拡大により受講生が少し減ったが、2019年度は、47回実施して78人の外国人（ベトナム人48名、中国人13名、ミャンマー人9名、インドネシア人3名、アメリカ人2名、タイ人1名、モンゴル人1名、フィリピン人1名）が受講し、毎回15名程度が参加した。

2　1992年に前身の鴨島町国際交流協会が設立され、地域日本語教室が同年10月に開校している。なお、2004年に鴨島町国際交流協会は吉野川市の組織に移行して「吉野川市国際交流協会」が設立され、日本語教室も吉野川市国際交流協会へと移行された（吉野川市国際交流協会 2005; 村上 2015）。

3　半構造化インタビューとは、質問の文言を事前に決めていても、回答に応じて質問を柔軟に変更しながら行うインタビューのことである。質問の文言、順序等が事前に決められている構造化インタビューや、語り手に自由に語ってもらう非構造化インタビューとは区別される（太田 2019）。

4　M-GTA分析でインタビューと分析を同時に進めてカテゴリーの一般化を行っていく際、吉野川市国際交流協会の会長の全面的な協力により、その都度条件にあった調査対象者の選定ができたことで、M-GTAを有効的に進められた。

5　HALBAUとは、High quality Analysis Libraries for Business and Academic Users の略称で、一般に「はるぼう」と呼ばれている。多変量解析のサブプログラムをその基本ルーチンとして作成され、そこにデータ入力・編集、基礎的な統計学の手法のプログラムの加えられた解析ソフトであり、本調査で使用しているHALBAU7は、現時点での最新バージョンである（高木 2007）。なお、本書ではこのＨＡＬＢＡＵ7をＨＡＬＢＡＵと表記している。

6　永明寺は浄土真宗本願寺派であり、本尊は阿弥陀仏である。

7　西林寺は浄土真宗本願寺派で、本尊は阿弥陀仏である。

8　経済産業省助成（令和2年度予算「商店街活性化・観光消費創出事業」）に採択されたプロジェクトであり、福岡市の吉塚商店連合組合を補助対象とした事業である（経済産業省 2020）。

9　西林寺は、例えば２００９年からカンボジア支援を目的として「キャンドルナイトＬＩＶＥ」というイベントを行い、地域住民がお寺に集まるきっかけ作りを行っていた。それが徐々に寺院の外へも広がっていき、お釈迦様の生誕を祝う「花まつり」では地域住民が様々な催し（出店など）を境内で行うようになった。その後、２０１７年からは地域の日本語学校とも連携をして、日本語学校の留学生も「花まつり」の催しに参加して、一緒に行事を作り上げる立場で地域住民と関わるようになっていった。それをきっかけに、地域住民と日本語学校の留学生が協働で商店街のシャッターアートをするプロジェクトが立ち上がることとなった（大正大学地域構想研究・ＢＳＲ推進センター 2021）。

第4章

仏教徒ベトナム人技能実習生の心の拠り所はどのようであるか

本章では、非集住地域[1]の仏教徒ベトナム人技能実習生の心の拠り所（信仰を含む）を捉えることを目的として実施した第1研究の調査について扱う。第1研究では、徳島県吉野川市の地域日本語教室を調査地として、仏教徒ベトナム人技能実習生に対して、質的および量的な調査（調査①および調査②）を実施した。以下、調査①と調査②のそれぞれについての調査結果を述べた後、第1研究の結果のまとめを行い、その上で考察を述べていく。

4-1　調査①の分析結果

調査①では、ベトナム人元技能実習生3名（G1、G2、G3）とベトナム人技能実習生10名（G4～G13）に対して、2020年9月から11月の間に、20分から1時間半（30分を超える場合は2回から3回に分けて実施）の半構造化インタビューを実施した。また、彼らの発言を補完することを目的として、日本語教室の講師4名に2020年10月に約1時間のグループインタビューを実施している。得られたデータは「修正版・グラウンデッド・セオリー・アプローチ（Modified- Grounded Theory Approach：M-GTA）」を用いて分析した。

M-GTAの分析の手順としては、木下（2003）に従っている。データ内にある具体例から概念を生成し、概念ごとに分析ワークシートを作成し、分析ワークシートには概念名、その定義、具体例および理論的メモを記入する。生成した概念は類似例および対極例といった比較の

表４－１　ワークシートの一例

概念名	ベトナム寺院の存在を望む
定義	近くにベトナム寺院があることを望んでいる
ヴァリエーション（具体例）	・「ベトナムのお寺があったら嬉しいです。日本のお寺はベトナムのお寺と比べて、中の様式や雰囲気が違うから、ベトナムのお寺があったらベトナムの雰囲気がするということで、ものすごく良いなあと思います。」（G2） ・「（近くに）ベトナムのお寺があったら嬉しいです。行きたいです。そのお寺で健康のためにお祈りとかをしたいです。」（G9）
論理的メモ（分析中の気付き）	・ベトナム様式の寺院が近くにあることを望む気持ちがうかがえる。

観点から解釈を行い、生成した概念同士の関係からカテゴリーおよびサブカテゴリーを生成する。生成されたカテゴリーおよび概念の関係を結果図およびストーリーラインで表す。新たな概念が生成されなくなったら、理論的飽和と判断し、インタビューを終了した。表4-1はワークシートの一例である。

分析の結果、21の概念が生成され、4つのカテゴリーと6つのサブカテゴリーにまとめられた。図4-1は結果図で、仏教徒ベトナム人技能実習生の心の拠り所およびそれを必要とする要因を示している。〈　〉は概念名、【　】はカテゴリー名、［　］はサブカテゴリー名である。⟶は変化、⇢は影響を表す。次の節でストーリーラインを示した後、各カテゴリーを構成する概念についてそれぞれ具体例を挙げながら、分析を行っていく。

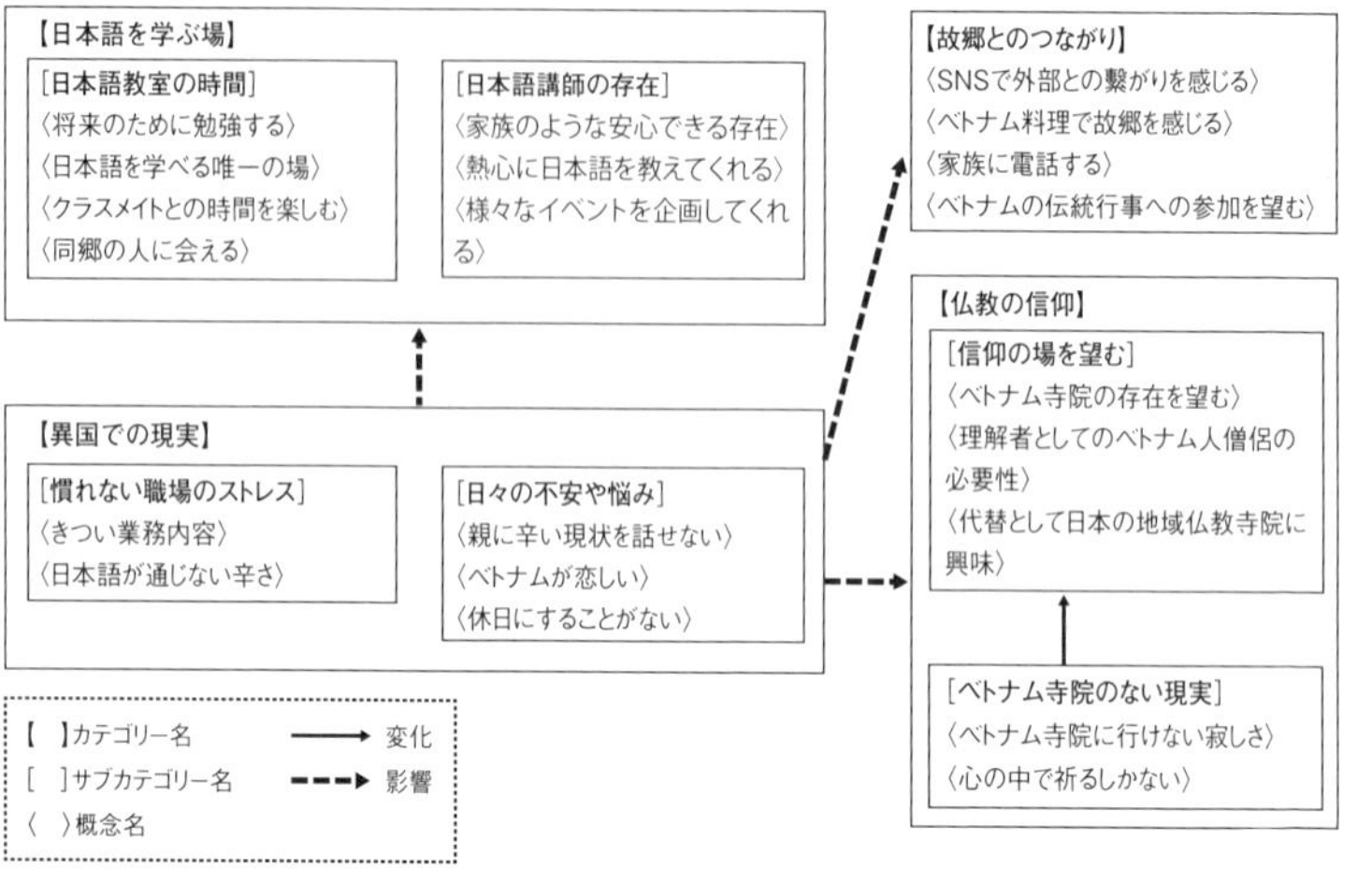

図４－１　仏教徒ベトナム人技能実習生の心の拠り所

4-1-1　ストーリーライン

ベトナム人技能実習生たちは、〈きつい業務内容〉を会社でこなしながら、〈日本語が通じない辛さ〉を感じている。日本に来て、そのような［慣れない職場のストレス］を日々感じているが、〈親に辛い現実を話せない〉でいる。〈休日にすることがない〉、〈ベトナムが恋しい〉という思いは募ってきている。そのような［日々の不安や悩み］や［慣れない職場のストレス］は、【異国での現実】としてベトナム人技能実習生を苦しめている。

【日本語を学ぶ場】に関しては、〈将来のために勉強〉できる［日本語教室の時間］は、〈日本語を学べる唯一の場〉である。また、〈同郷の人に会える〉場所でもあり、〈クラスメイトとの時間を楽し〉んでいる。日本語教室に行くと、クラスメイトだけではなく、〈熱心に日本語を教えてくれる〉日本語講師に会うことができる。【日本語講師の存在】としては、〈様々なイベントを企画してくれる〉だけではなく、〈家族のような安心できる存在〉であるとも思われている。

平日仕事が終わった後は故郷が恋しくなって、【故郷とのつながり】を求めている。〈ベトナム料理で故郷を感じ〉たり、〈ＳＮＳで外部との繋がりを感じ〉たり、〈家族に電話する〉と、心がとても落ち着く。ベトナムの旧正月等が近づくと〈ベトナムの伝統行事への参加を望む〉気持ちも大きくなってしまう。

【仏教の信仰】としては、「ベトナム寺院のない現実」に日本で直面して、祈りの場としての〈ベトナム寺院に行けない寂しさ〉を感じている。自宅や庭で自分の〈心の中で祈るしかない〉と割り切って信仰活動を行いつつ、近くに〈ベトナム寺院の存在を望んでいる〉。また、〈代替として日本の地域仏教寺院に興味〉を示すものの、〈理解者としてのベトナム人僧侶の必要性〉を感じている。

4-1-2　【異国での現実】

(1)［慣れない職場のストレス］

〈きつい業務内容〉の定義としては、「仕事が辛くてストレスを多く抱えている」である。ヴァリエーション（具体例）としては、「（実習生の時）当時はきつかった。仕事も結構長いし、朝８

時半から夜中の1時とかまで働くことがあった」（G1）や、「ベトナムで説明を聞いたことと社長が行ったことが違っていて困った。ストレスをみんな抱えていた。…辛かった。会社に対して、みな嫌な思いを持っていました」（G3）などが挙げられる。辛い業務内容にストレスを多く抱えている人が多いことが窺え、日本語教室に通うことすら許されない会社もあるとのことであった。

〈日本語が通じない辛さ〉の定義としては、「日本語がうまく話せなくて仕事で日本人と話すことが辛いと感じる」である。ヴァリエーション（具体例）としては、「日本語ができない人はとても大変でした。日本語ができないと、上司の指示が分からなくて、文句を言われていた」（G3）や、「仕事で一番困っているのは、やっぱり日本語です。仕事中、医療者と話したいけど、皆しゃべるのが早いから、自信を持って話せない」（G11）などが挙げられる。介護の実習生は日本語を仕事で使う機会が比較的多いようだが、特に方言やしゃべりの早さについていけずにストレスを感じていることが窺える。

(2) 【日々の不安や悩み】

〈親に辛い現状を話せない〉の定義としては、「親が心配するから良いことしか電話で話せていない」である。ヴァリエーション（具体例）としては、「親には辛いことは話さない」（G8）や、「心配させないように、親には良いことしか言わない」（G9）などが挙げられる。

〈ベトナムが恋しい〉の定義としては、「故郷への思いを募らせている」である。ヴァリエーション（具体例）としては、「仕事がきついと帰りたくなる」（G１）や「家族やベトナムは恋しいが、お金を稼ぐために、もっと日本にいたい」（G７）などが挙げられる。

〈休日にすることがない〉の定義としては、「日本語教室以外に休日にすることがない」である。ヴァリエーション（具体例）としては、「（日本語教室に来る）以前は、することがないし、この時間は寝ていた。することがないし、スーパーに行って、昼ごはんを食べて寝るしかなかった」（G４）や、「ここ（日本語教室）に来るまでは友達がいなかった。寮ですることはないし、寝たりYouTubeで映画を見たり、料理を作ったり、Facebookをしたりしていた。でかけませんでした」（G11）などが挙げられる。日本語教室に来るまでは友達を作ることが難しく、特にすることもなく暇を持て余していた傾向にあることが分かった。

4-1-3　【日本語を学ぶ場】

（1）［日本語教室の時間］

〈将来のために勉強する〉の定義としては、「将来のために日本語を勉強しようと思っている」である。ヴァリエーション（具体例）としては、「将来に対する不安はあった。不安に思うしかなかったけど、不安だったから日本語の勉強をしていた。N３を持ったら、日本語センターで実習生に日本を教えられるので、給料ももらえるから、（実習生たちは）日本語の勉強をしていると思う」（G1）や、「将来のために勉強する。私は若い時はあまり勉強しなかった。将来は日本語に関わる仕事につきたい。就職しようと思っているので、日本に住んでいるうちに、もっと勉強したい」（G2）などが挙げられる。日本や日本文化が好きなだけではなくて、ベトナムに帰国後に日本語を使った仕事をしたいという思いで勉強をし、その思いがあるから日本語教室に通っているようである。

〈日本語を学べる唯一の場〉の定義としては、「日本語教室以外に日本語を使う場面がほとんどなく、日本語を学べる唯一の場と思っている」である。ヴァリエーション（具体例）としては、「日本語教室しか日本語を話す機会はない」（G1）や「ここに来る目的は、日本語の勉強と先生と話すことです。ここしかできない」（G4）である。

〈クラスメイトとの時間を楽しむ〉の定義としては、「日本語教室のクラスメイトと仲が良く楽しい時間を過ごせている」である。ヴァリエーション（具体例）としては、「（技能実習生の時）日本語教室は楽しかった。一番の良い思い出です。クラスメイトとも仲が良かった」（G3）や、「（クラスメイトは）皆さん仲良しで、雰囲気が楽しいです」（G8）などが挙げられる。全員がクラスメイトとの関係は良好で、一緒に過ごす時間を楽しんでいるようである。

〈同郷の人と会える〉の定義としては、「日本語教室でベトナム人に会うと故郷を思い出すことができると思っている」である。ヴァリエーション（具体例）としては、「教室に来るたびに楽しいと感じます。（ベトナム人に会うと）何か故郷を思い出すこともあるし、ベトナム人に会うと喜びを持ちますね。仕事の同僚は、仕事とプライベートを別々に分けているので、仕事が終わってから話していない」（G３）や、「クラスメイトはほとんどベトナム人なので、友達になった。ベトナム語が話せて楽しい」（G11）などが挙げられる。

⑵［日本語講師の存在］

〈家族のような安心できる存在〉の定義としては、「親切で家族のように心配してくれて安心できる存在」である。ヴァリエーション（具体例）としては、「（先生は）ものすごく親切です。何回も自宅に食事に誘ってくれたりした。その時は落ち着くし、仲良いし、家族のような感じがする」（G２）や、「（先生は）ものすごく熱心で、（日本に）来たばかりで慣れてない時に色々教えてくれた。安心できる。交通の状態が安全かとか聞いてくれたり、労働時間がどうかとか家族みたいに心配してくれる」（G９）などが挙げられる。日本語講師は、熱心に日本語を教えてくれたり、生活を心配してくれたりして、日本で生活する上で一番安心できる存在であることが窺える。

〈熱心に日本語を教えてくれる〉の定義としては、「日本語講師から熱心に日本語を教えてもらっていることに満足している」である。ヴァリエーション（具体例）としては、「熱心に日本語を教えてもらいました」（G３）や、「先生たちはとても熱心で、ここに来たら親切に（日本語を）教えてくれる」（G11）などが挙げられる。実習生たちは先生が熱心に日本語を教えてくれていることに満足しているようである。

〈様々なイベントを企画してくれる〉の定義としては、「日本語授業以外にも交流会を企画してくれる」である。ヴァリエーション（具体例）としては、「このクラスで先生と他のベトナム人とお寺とか色々連れて行ってくれたこととか、料理の交流で、ベトナムの揚げ春巻きを作ったことが一番楽しかった」（G1）や、「先生たちとの思い出が一番。外で、公園とか、海とか遊びに行ったのが一番の思い出です。先生たちと料理を作ったこともあります」（G3）などが挙げられる。技能実習生たちは日本語講師の企画するバス旅行や散歩、イベントなどを楽しんでいることが窺える。

4-1-4 【故郷とのつながり】

〈SNSで外部との繋がりを感じる〉の定義としては、「FacebookやYouTubeなどのSNSでベトナムの知り合い等と繋がって寂しさを紛らしたり時間を潰したりしている」である。ヴァリエーション（具体例）としては、「徳島に来てから最初の1ヶ月くらいは寂しかった…（その時は）FacebookやYouTubeとかを毎晩見ていた。ベトナムのお笑い番組を見ていた。ベトナムの状況が分かるし、笑ってストレスの解消になる。日本語教室に通い出してから、YouTubeを見る時間が減った」（G4）や、「（日本語教室に）来るまでは友達がいなかった。寮ですることはないし、寝たりYouTubeで映画を見たり、料理を作ったり、Facebookをしたりしていた」（G13）などが挙げられる。日本に友達がいない時にYouTubeやFacebookで繋がりを感じていたが、日本語教室で友達ができると状況は変わっているようである。

〈ベトナム料理で故郷を感じる〉の定義としては、「ベトナム料理を食べることで故郷を思い出したりして心を落ち着かせる」である。ヴァリエーション（具体例）としては、「ベトナム料理を食べたり、日本語教室でベトナム人と話すと安心する。ベトナム料理は自分で作っています。他の料理とベトナム料理は違う。故郷を思い出すことができる」（G8）や、「ベトナム調理を作ると、ものすごく落ち着くしベトナムのことを思い出せる」（G9）などが挙げられる。

〈家族に電話する〉の定義としては、「悩みを家族（親以外）に共有する」である。ヴァリエーション（具体例）としては、「誰でも悩みがあると思いますが、家族に語っています。電話です」（G3）や、「辛い時や寂しい時には、携帯でベトナムにいる姉に電話をします」（G4）などが挙げられる。

〈ベトナムの伝統行事への参加を望む〉の定義としては、「テトやブーランなどベトナム伝統行事への思いを募らせている」である。ヴァリエーション（具体例）としては、「（テトやブーランに）参加できなくて寂しい。日本でも参加したい」（G8）や、「それらの行事（テトやブーラン）に参加できなくて、本当に本当に寂しい」（G12）などが挙げられる。

4-1-5 【仏教の信仰】

(1)［ベトナム寺院のない現実］

〈寺院に行けない寂しさ〉の定義としては、「ベトナムに住んでいた時のように寺院に行けなくて寂しく思っている」である。ヴァリエーション（具体例）としては、「（日本で、今ベトナムのお寺に通えていなくて）少し寂しく感じていますが、日本で生活しているのでしょうがないです。（お祈りは）毎朝、早く起きて、外で少しお祈りしています」（G7）や、「（今ベトナムのお寺に通えていなくて）ものすごく寂しいです。（お祈りは）できればやりたいけど、できていない。心の中で祈ることしかできていません」（G9）などが挙げられる。寂しさの程度の差こそあれ、ベトナムで定期的に通っていた寺院に行けない気持ちを皆が抱いていることが窺える。

〈心の中で祈るしかできない〉の定義としては、「ベトナム寺院に行けないので心の中で祈るしかないと思っている」である。ヴァリエーション（具体例）としては、「今、参加できなくて寂しい。泣いている。ベトナムで、近くのお寺に通っていました…家族の健康のために祈りをしていました。今、お寺に行けなくて寂しいけど、仕方がないので我慢している。今は、心の中でしている…家族のことを考えている時に、心でお祈りをする」（G10）や、「今、お寺に行けないけど、仕方がないので我慢するしかない。今は、心の中でお祈りをしている。お寺がないから。何か心配なことがある時に、心でお祈りをしている」（G11）などが挙げられる。家族や自身のためにお祈りをしていた習慣がなくなって、仕方なく心の中でお祈りをする人が多

郵便はがき

料金受取人払郵便

神田局
承認

2420

差出有効期間
2025年10月
31日まで

切手を貼らずに
お出し下さい。

101-8796

537

【受　取　人】

東京都千代田区外神田6-9-5

株式会社 明石書店 読者通信係 行

お買い上げ、ありがとうございました。
今後の出版物の参考といたしたく、ご記入、ご投函いただければ幸いに存じます。

ふりがな お名前	年齢	性別

ご住所　〒　　　-

TEL　(　　　)　　FAX　(　　　)

メールアドレス	ご職業（または学校名）

＊図書目録のご希望	＊ジャンル別などのご案内（不定期）のご希望
□ある □ない	□ある：ジャンル（　　　） □ない

書籍のタイトル

◆本書を何でお知りになりましたか？

□新聞・雑誌の広告…掲載紙誌名[ ]
□書評・紹介記事……掲載紙誌名[ ]
□店頭で　□知人のすすめ　□弊社からの案内　□弊社ホームページ
□ネット書店 [ ]　□その他[ ]

◆本書についてのご意見・ご感想

■定　価	□安い（満足）	□ほどほど	□高い（不満）
■カバーデザイン	□良い	□ふつう	□悪い・ふさわしくない
■内　容	□良い	□ふつう	□期待はずれ

■その他お気づきの点、ご質問、ご感想など、ご自由にお書き下さい。

◆本書をお買い上げの書店

[市・区・町・村 書店 店]

◆今後どのような書籍をお望みですか？

今関心をお持ちのテーマ・人・ジャンル、また翻訳希望の本など、何でもお書き下さい。

◆ご購読紙　(1)朝日　(2)読売　(3)毎日　(4)日経　(5)その他[新聞]

◆定期ご購読の雑誌 [ ]

ご協力ありがとうございました。

ご意見などを弊社ホームページなどでご紹介させていただくことがあります。　□諾　□否

◆ご 注 文 書◆　このハガキで弊社刊行物をご注文いただけます。

□ご指定の書店でお受取り……下欄に書店名と所在地域、わかれば電話番号をご記入下さい。
□代金引換郵便にてお受取り…送料+手数料として500円かかります(表記ご住所宛のみ)。

書名	冊
書名	冊

ご指定の書店・支店名	書店の所在地域 都・道 府・県　市・区 町・村
	書店の電話番号　(　　　)

いようだ。

（2）［信仰の場を望む］

〈ベトナム寺院の存在を望む〉の定義としては、「近くにベトナム寺院があることを望んでいる」である。ヴァリエーション（具体例）としては、「ベトナムのお寺があったら嬉しいです。日本のお寺はベトナムのお寺と比べて、中の様式や雰囲気が違うから、ベトナムのお寺があったらベトナムの雰囲気がするということで、ものすごく良いなあと思います」（G3）や、「（近くに）ベトナムのお寺があったら嬉しいです。行きたいです。そのお寺で健康のためにお祈りとかをしたいです」（G9）などが挙げられる。ベトナム様式の寺院が近くにあることを望む気持ちが窺える。

〈理解者としてのベトナム人僧侶の必要性〉の定義は、「近くの寺院にはベトナム語話者のベトナム人僧侶がいて欲しいと思っている」である。ヴァリエーション（具体例）としては、「ベトナムのお坊さんの存在も大切。言葉だけではなくて、ベトナムの文化を理解しているから、それが一番大事なこと」（G4）や、「日本語が分からないし、ベトナムの文化が分かっているお坊さんいた方がいいので、ベトナムのお坊さんがいた方が良い」（G9）などが挙げられる。ベトナム様式の寺院が近くにあることを望む気持ちが窺えるが、ベトナム人の僧侶がいないと不安な気持ちがあるようだ。

〈代替としての日本寺院の存在〉の定義としては、「祈りの場の代替として日本寺院に行きたいと思っている」である。ヴァリエーション〈具体例〉としては、「日本のお寺でもいいから行ってみたいという人も結構いると思う…日本であってもテトなど(2)に参加すると、故郷に戻ったような気持ちになれるのだろう」（G1）や、「日本のお寺に行きたいと思います。日本のお寺でも同じ気持ちで祈ったら大丈夫です」（G4）などが挙げられる。祈りをしたいができない人で日本寺院の存在を望む人もいるが、実際に行くことにはためらう気持ちがあるようだ。

4-1-6　まとめ

この調査を通じて、ベトナム人技能実習生たちは、日本での生活を行う中で、過酷な業務内容を会社でこなしながら、日本語が通じないことによる精神的なストレスを感じていることが分かった。日本に来て、そのような慣れない職場のストレスを日々感じているが、親に辛い現実を話せないでいる一方で、休日にすることがなく、ベトナムを恋しいという思いは募ってきているようである。そのような日々の不安や悩みや慣れない職場のストレスは、異国での現実としてベトナム人技能実習生を苦しめているように考えられる。

日本語を学ぶ場に関しては、将来のために日本語を勉強できる日本語教室の時間は、日本語を学べる唯一の場であるようだ。また、同郷の人に会える場所でもあり、クラスメイトとの時間を楽しんでいることが分かった。日本語教室に行くと、クラスメイトだけではなく、熱心に日本語を教えてくれる日本語講師に会うことができる。日本語講師の存在としては、様々なイベントを企画してくれるだけではなく、家族のような安心できる存在であるとも思われていることが分かった。

また、平日仕事が終わった後は故郷が恋しくなって、故郷とのつながりを求めている。ベトナム料理で故郷を感じたり、ＳＮＳでベトナムの状況を知ったり、家族に電話をして、心を落ち着かせている。ベトナムの旧正月等が近づくとベトナムの伝統行事への参加を望む気持ちも大きくなっているようだ。

仏教の信仰としては、ベトナム寺院のない現実に日本で直面して、祈りの場としてのベトナム寺院に行けない寂しさを感じていることが分かった。自宅や庭で自分の心の中で祈るしかないと割り切って信仰活動を行いつつ、近くにベトナム寺院の存在を望んでいる。また、代替としての日本の地域仏教寺院に興味を示すものの、理解者としてのベトナム人僧侶の必要性を感じている。

4-2　調査②の分析結果

第１研究の調査②では、非集住地域の仏教徒ベトナム人技能実習生の心の拠り所（信仰を含む）を捉えることを目的として、調査①と同じ徳島県吉野川市の地域日本語教室で質的および量的な調査を実施した。調査対象はこの日本語教室に通っていたベトナム人元技能実習生2名であるが、この2名は「調査①」の調査対象者G1およびG2と同一人物である。調査は2021年4月および5月の2回にわたって行い、所要時間はそれぞれ約2時間である。この調査で用いる分析方法は、PAC分析実施法（Personal Attitude Construct（個人別態度構造））で、基本的な手順は内藤（2017）を参考にしている。以下、調査対象者G1とG2のそれぞれについて、PAC分析の手順に従いながら、分析結果を示していく。

4-2-1 調査対象者G1の結果

(1) 連想項目の一覧

調査対象者G1に対して、「日本で働いていた時、どんな時に辛かったり、孤独に感じたりしましたか。また、それを忘れられたり、安心できたことや人、場所等を教えてください。仏教に関することでも良いです。頭に浮かんできたイメージや言葉を、思い浮かんだ順に番号をつけてカードに記入して下さい」という連想刺激文を呈示したところ、14の言葉が連想された。G1は通訳もするなど日本語力は非常に高いが、日本語を十分に書けないため、カードへの記載については筆者が代わりに行った。それらの言葉の想起順位と重要順位の一覧が表4-2である。

表４－２　連想項目一覧

重要度	項目	想起順
1	家族と離れて寂しい	1
2	仕事に慣れて任されるようになった	11
3	ベトナム人の友達ができた	5
4	他の実習生から嫌われた	2
5	日本語教室に来る	4
6	近所の日本人がよく話しかけてくれた	3
7	近くのお寺で心を落ち着けていた	10
8	日本語の通訳を頼まれるようになった	9
9	近くのお寺に行った	6
10	ベトナム料理を日本語教室の先生に食べさせてもらった	13
11	日本の正月に近所の人に招待してもらって参加した	14
12	地元で何かあっても戻れず親不孝と思った	12
13	休みの日にベトナム人の友達と買い物に行った	8
14	日本語教室の先生に花見などに連れていってもらった	7

（２）分析の結果図（デンドログラム）

次に、調査対象者Ｇ１が想起した14の言葉について、それぞれの項目同士の類似度をＧ１に評定してもらい、類似度距離行列を作成した。それを統計ソフトのＨＡＬＢＡＵでクラスター分析（ウォード法）した結果図（デンドログラム）が４－２である。なお、図４－２の左の数字は重要順位であり、各項目の後ろの（　）内の符号は単独でのイメージである。まとまりを持つ項目ごとに丸で囲まれたものがクラスターで、クラスターは４つ作成され、上から「クラスター１」～「クラスター４」とし、概要を示す。

（３）クラスターの解釈

次に、調査対象者Ｇ１の解釈の要旨を示す。ここでは、原則として、Ｇ１の発話をそ

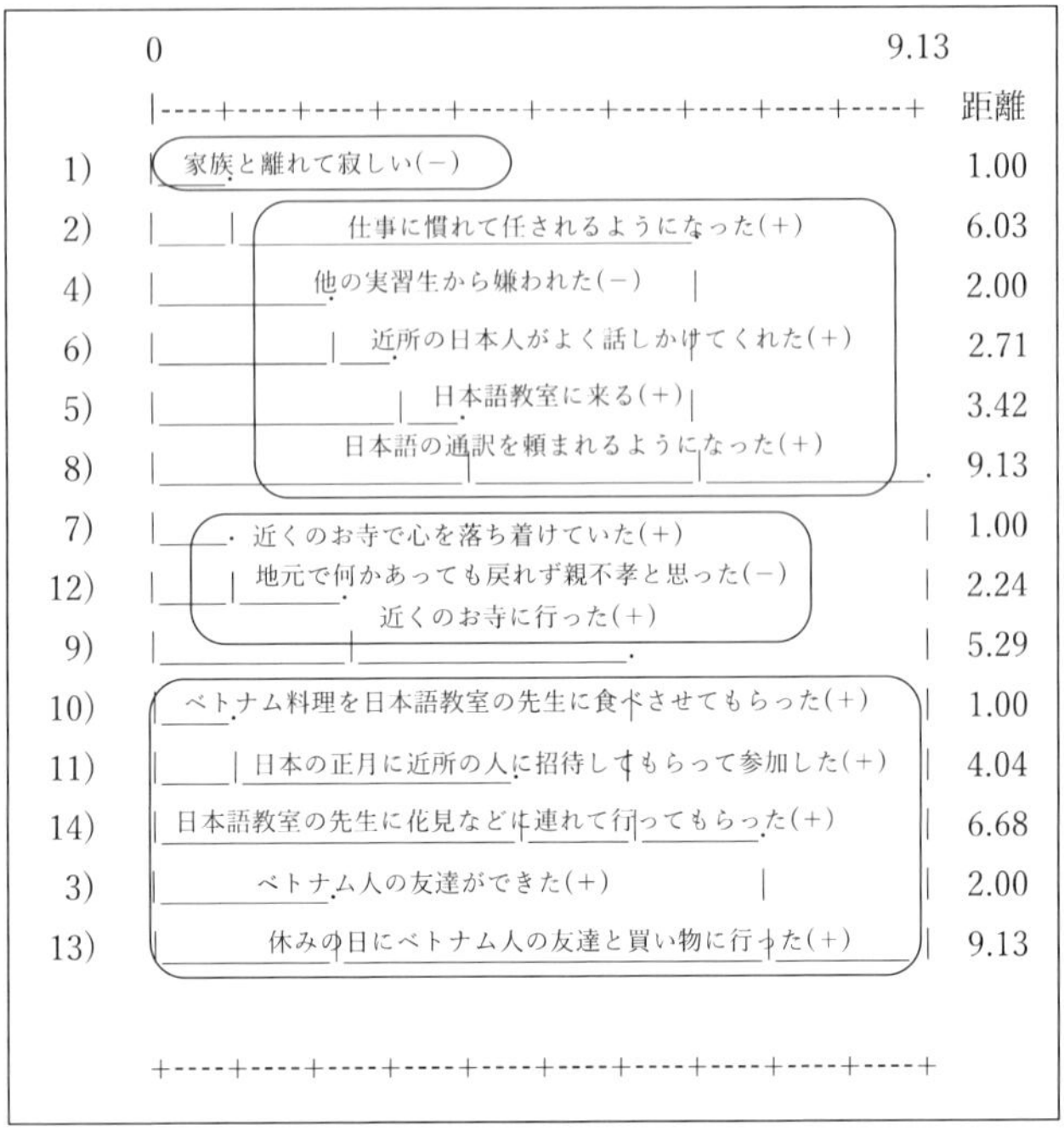

図４−２　調査対象者 G1 のデンドログラム

のまま引用し、「」で表す。連想項目は【】で表し、クラスター名は《》で表す。次いで、クラスター間の類似点と相違点、および補足質問を示した後、総合的な解釈を行う。

(i)《家族と離れた寂しさ》

クラスター1は、【家族と離れて寂しい】の1項目のみである。

「ベトナム人にとって家族が一番大切なんです。遠いところに行っても正月とか家族のもとに帰りたいです。」

クラスター1を、《家族と

離れた寂しさ》と命名した。

(ii)《日本語の上達と周りの嫌がらせ》

クラスター2は、【仕事に慣れて任されるようになった】【他の実習生から嫌われた】【近所の日本人がよく話しかけてくれた】【日本語教室に来る】【日本語の通訳を頼まれるようになった】の5項目である。

「このことがあったから、職場で他の実習生から嫌われるようになって、それがひどくなってきたと思います。日本語できるようになって、通訳を頼まれたり、近所の人が話しかけてくれるようになって、それでもっと嫌われるようになったと思います。」

クラスター2を、《日本語の上達と周りの嫌がらせ》と命名した。

(iii)《家族への罪悪感と寺院での祈り》

クラスター3は、【近くのお寺で心を落ち着けていた】【地元で何かあっても戻れず親不孝と思った】【近くのお寺に行った】の3項目である。

「家族と離れてできないことがたくさんあったんです。日本で悲しいこともあって、家族には心配させたくないから、やっぱりお寺に行ってちょっと祈りをしたり、仏様と話をしたら落ち着きます。お母さんが病気になって世話ができなくて、お母さんが早く元気になりますようにと祈ることしかできなかった。」
クラスター3を、《家族への罪悪感と寺院での祈り》と命名した。

(ⅳ)《職場外の人との関わり》

クラスター4は、【ベトナム料理を日本語教室の先生に食べさせてもらった】【日本の正月に近所の人に招待してもらって参加した】【日本語教室の先生に花見などに連れて行ってもらった】【ベトナム人の友達ができた】【休みの日にベトナム人の友達と買い物に行った】の5項目である。

「友達もできなかったので、日本語教室の存在を知るまでは、寂しかったんです。日本語教室を知ってから、週末ここで一緒に勉強に来たり、先生に話を聞いてもらったり、あっちこっちお花見とか花火とか連れて行ってもらったり、それはすごく良かったです。あと、近くの人には正月に招待してもらったりしました。」
クラスター4を、《職場外の人との関わり》と命名した。

(4) クラスター間の類似点と相違点

次に、相互の比較を通じてそれぞれのクラスターの内包をより明確にするため(内藤 2002)にクラスター間の類似点と相違点を調査対象者に尋ねた。

（ⅰ）《家族と離れた寂しさ》と《日本語の上達と周りの嫌がらせ》

「思いを抱くということが共通で、寂しいけど同居の人と仲が良くなくて話ができないし、ストレスが溜まっていました。プラス辛い感じだったのが共通です。家族と離れたら寂しいけど、話を聞いてくれたら少しでもストレスの解消ができるけど、家族に話したら心配かけるので言えませんでした。」

（ⅱ）《家族と離れた寂しさ》と《家族への罪悪感と寺院での祈り》

「これらはとても似ています。寂しいからお寺に行って落ち着きます。」

（ⅲ）《家族と離れた寂しさ》と《職場外の人との関わり》

「友達もできて話もよく聞いてくれて、日本の言葉や文化も分かっていって、良くなっていきました。」

（ⅳ）《日本語の上達と周りの嫌がらせ》と《家族への罪悪感と寺院での祈り》

「これも関係ありますね。寂しくても、同じ会社の実習生の中では話ができないから、お寺に行くことを選びました。」

（v）《日本語の上達と周りの嫌がらせ》と《職場外の人との関わり》

「これも、会社以外の人との出会いで、私自身良くなりました。同じ会社では話はできないけど、友達や先生は話を聞いてくれてアドバイスをしてくれましたので。」

（vi）《家族への罪悪感と寺院での祈り》と《職場外の人との関わり》

「両方（取り上げた2つのクラスター）が良い存在ですね。存在として私にとって精神的にとても良かったですね。」

（5）補足質問

次に、上記の「（3）クラスターの解釈」や「（4）クラスター間の類似点と相違点」で言及されていなかったり、言及されていたとしても不十分であると感じられた連想項目について、その項目の単独としてのイメージを確認した。

（i）【近所の日本人がよく話しかけてくれた】について

「ベトナムが好きな近所の人が、ベトナムに興味を持ってくれて、話しかけてくれたんです。それも、日本語を勉強した一つの理由です。また、先輩からも紹介してもらいました。ベトナムのことが大好きで、ベトナムに何回も行ったこともあってベトナム料理も好きなので、パーティーとかがあったら先輩が料理を作って持っていっていました。毎年正月にその方の子供さんたちが集まった時に、私たちも招待してもらいました。すごく優しかったです。」

(ii)【日本語教室に来る】について

「日本に来て2年目に日本語教室を知りましたし、ベトナム人の友達が会社外にできてストレス解消ができるようになっていきました。日本語を勉強する理由は、最初日本語が好きだから勉強したかったからです。日本人に話をした時に思ったこと、言いたいことをもっと上手に伝えたいのが勉強の理由です。日本語教室に行ったとき今みたいに外国人が多くなかったので、時々私一人と先生3人とかでした。そのときはベトナムについて、生活について困ったことを聞いてくれました。ベトナムに家族を置いて遠い日本国に来て先生たちに出会って、日本語を親切に教えてくれて、日本の文化、例えば花見とか、阿波踊りとか、茶道などを初めて参加させてくれました。先生たちは実際お父さん、お母さんみたいに優しいです。」

(iii)【日本語の通訳を頼まれるようになった】について

「仕事に慣れて、一人前の責任者として働くようになり、3年目で初めて日本語の通訳を頼まれました。信用してくれたんだと思って嬉しかったです。」

(iv)【近くのお寺に行った】について

「寂しい時とか人に話せない話があったらお寺に行って、落ち着いている感じがします。お寺に行くとストレス発散ができました。近くに日本のお寺がありましたので、月に1回くらい自転車で行っていました。行ったのは日本のお寺でしたが、それで大丈夫でした。やっぱりベトナムのお寺の方が良いですけどね。」

(v)【地元で何かあっても戻れずに親不孝と思った】について

「こっちに来てから、兄や弟の結婚式に参加できませんでした。母が病気になって入院した時にもお世話ができなくて、親不孝でした。」

(6) 総合的解釈

次に、総合的解釈にあたっては、G1の枠組みで解釈する中で、補足が必要な場合は、筆者が本PAC分析前に実施した半構造化インタビューで得た知見によって補いながら考察を行う。

(i) 心の拠り所を必要とする要因

連想項目14項目のうち、(-) 項目は3つで、G1にとって日本での技能実習生としての生活は全体としてはプラスの方が強いイメージとなっている。しかし、重要度で1位であったのは、（二）項目の【家族と離れた寂しさ】であった点を鑑みるに、家族が一番大切であり遠いところに行っても正月などは家族のもとに帰りたかったと言っていたが、一時帰国の許されない技能実習期間における、家族と離れて会えない辛さは極めて大きいと考えられる。関連して、（二）項目の【地元で何かあっても戻れずに親不孝と思った】は重要度では12位ではあるが、その程度を推察するには「家族が一番大切だ」と言っていたことを踏まえる必要はあるだろう。来日してから兄弟たちの結婚式に参加できなかったことや、母親が病気になって入院した際に看病できなかったことを挙げて、それに対して自責の念を抱き、自身を親不孝であったと振り返っていた。

その他、【他の実習生から嫌われた】が挙げられ、重要度では4位である。日本語が上達すると、職場で他の実習生から嫌われるようになり、ひどくなってきたとのことであるが、このことは半構造化インタビューでも触れていた。努力して日本語力を上げて日本人から仕事を任されるようになると、嫉妬から特に先輩のベトナム人から嫌われて、人間関係が悪かったとのことである。また、そのベトナム人の同僚とは寮で共同生活であるため息抜きができず、喧嘩をしたことを会社に話したら状況が悪化するので、職場では誰とも共有することができなかったようだ。

(ii) 心の拠り所と考えられること

クラスター2の【仕事に慣れて任されるようになった】は重要度で2位と極めて高く、8位の【日本語の通訳を頼まれるようになった】も同様に職場に関連する項目となっている。G1は日本語ができるようになったことで、通訳を頼まれるようになり、職場の人に信用してもらえたと思って嬉しかったと言っていたが、周りから信用を得ている実感は実習期間の多くを費やす職場で安心感を得る上で非常に重要であったと考えられる。

そして、その基盤となっていたのが、日本語教室の存在であろう（【日本語教室に来る】：重要度5位）。半構造化インタビューで、日本語教室しか日本語を話す機会はなく、ここで自信を持って日本語を話せるようになったと言っていたが、ここで通訳を任されるほどに日本語の勉強をしたようである。また、技能実習期間が終わってベトナムに戻った時に日本語力が高いと日本語講師になれるため、将来が不安だったので、日本語の勉強をしていたとも語っており、日本語の勉強自体に安心感を求めていたとも考えられる。

また、その日本語教室の講師をG1は「お父さん、お母さんみたいに優しい」と言っている。家族には心配をかけたくないから辛いことを話せなかったが、講師の先生に話を聞いてもらっていたと語っていることからも、この日本語教室の講師の存在も、G1にとって心の拠り所の1つになっていたと考えられる。関連項目としては、クラスター4で、【ベトナム料理を日本語教室の先生に食べさせてもらった】（重要度10位）、【日本語教室の先生に花見などに連れて行ってもらった】（同14位）と日本語講師との思い出が2つ挙げられている。

先の日本語の学習動機について、G1は近所の日本人が話しかけてくれて、言いたいことをもっと上手に伝えたいと思ったことも日本語の勉強をした理由の1つと語っている。この近所の日本人との触れ合いも大切だったようだ。実際、クラスター2の【近所の日本人がよく話しかけてくれた】は重要度で6位であり、他にも関連項目として、クラスター4で【日本の正月に近所の人に招待してもらって参加した】（同11位）が挙がっている。

また、ベトナム人の友達や故郷との繋がりについても見過ごせない。来日2年目に日本語教室に来て、ベトナム人の友達が会社外にできてストレス解消ができるようになっていったとG1は語っている。実際、クラスター4の【ベトナム人の友達ができた】は重要度で3位であり、他にも【休みの日にベトナム人の友達と買い物に行った】（同13位）が挙がっている。半構造化インタビューで、日本語教室の良いところとしてベトナムなどのイベントもできて故郷を感じることができる点であると話しており、【ベトナム料理を日本語教室の先生に食べさせてもらった】（同10位）という項目も挙がっている。なお、「ベトナム」という言葉が入った項目は3つあり、全て（＋）の項目であった。

(iii) 仏教に対する信仰

関連項目としては、【近くのお寺で心を落ち着けていた】（重要度7位）と【近くのお寺に行った】（同9位）があり、（＋）項目で2つ挙がっているが、寂しい時や人に話せない話があったら寺院へ行き、心を落ち着けてストレスを発散していたとG1は語っている。これら2つの項目は、【地元で何かあっても戻れずに親不孝と思った】（同12位）を挟む形で共にクラスター3を形成しているが、G1はクラスター3の解釈の際に、家族には心配をかけられないから、辛い時には仏教寺院に行って仏と対話したり母親の病気が早く治るように祈ったりしたと語っていたように、G1にとって「一番大切な存在」の家族と寺院での祈りが大きく結びついているのではないかと推測される。また、仏教寺院について、半構造化インタビューでは、ベトナムに住んでいた時は定期的にベトナム寺院に通っており、ベトナム寺院に通えないのは寂しいと語る一方で、近くの地域仏教寺院を祈りの代替の場として活用できていることが窺える。

4-2-2　調査対象者G2の結果

(1) 連想項目の一覧

調査対象者G2は、「日本で働いていた時、どんな時に辛かったり、孤独に感じたりしましたか。また、それを忘れられたり、安心できたことや人、場所等を教えてください。仏教に関することでも良いです。頭に浮かんできたイメージや言葉を、思い浮かんだ順に番号をつけてカードに記入して下さい」という連想刺激文に対して、15の言葉が連想された。カードへの記載については、G2との面談がZoomを用いたオンライン面談であるため、書画カメラを用

表４－３　連想項目一覧

重要度	項目	想起順
1	お世話になった日本語教室の先生や日本人の同僚	13
2	日本語教室の先生に日本語を教えてもらった	6
3	家族のことを考える	10
4	仕事中に日本人の同僚に色々教えてもらった	14
5	日本語の先生が色々な所に連れて行ってくれた	15
6	日本語の先生から食べ物をもらった	7
7	日本語の先生からお守りをもらった	8
8	辛い時寝る前に仏様に向かって自分で祈っていた	12
9	日本語の先生が勉強のために色々送ってくれた	9
10	辛いことを同僚のベトナム人にも語らなかった	11
11	逃げることも考えた	5
12	中傷された	4
13	長い間上司からいじめられた	1
14	休憩がなかった	3
15	叱られた	2

いて筆者の手元をカメラで写し、Ｇ２に見せて確認を取りながら筆者が代筆を行った。それらの言葉の想起順位と重要順位の一覧が表４-３である。

（２）分析の結果図（デンドログラム）

次に、調査対象者Ｇ２が想起した15の言葉について、それぞれの項目同士の類似度をＧ２に評定してもらって、類似度距離行列を作成した。それを統計ソフトのＨＡＬＢＡＵでクラスター分析（ウォード法）した結果図（デンドログラム）が図４-３である。なお、図４-３の左の数字は重要順位であり、各項目の後ろの（　）内の符号は単独でのイメージである。まとまりを持つ項目ごとに丸で囲まれたものがクラスターで、クラスターは４つ作

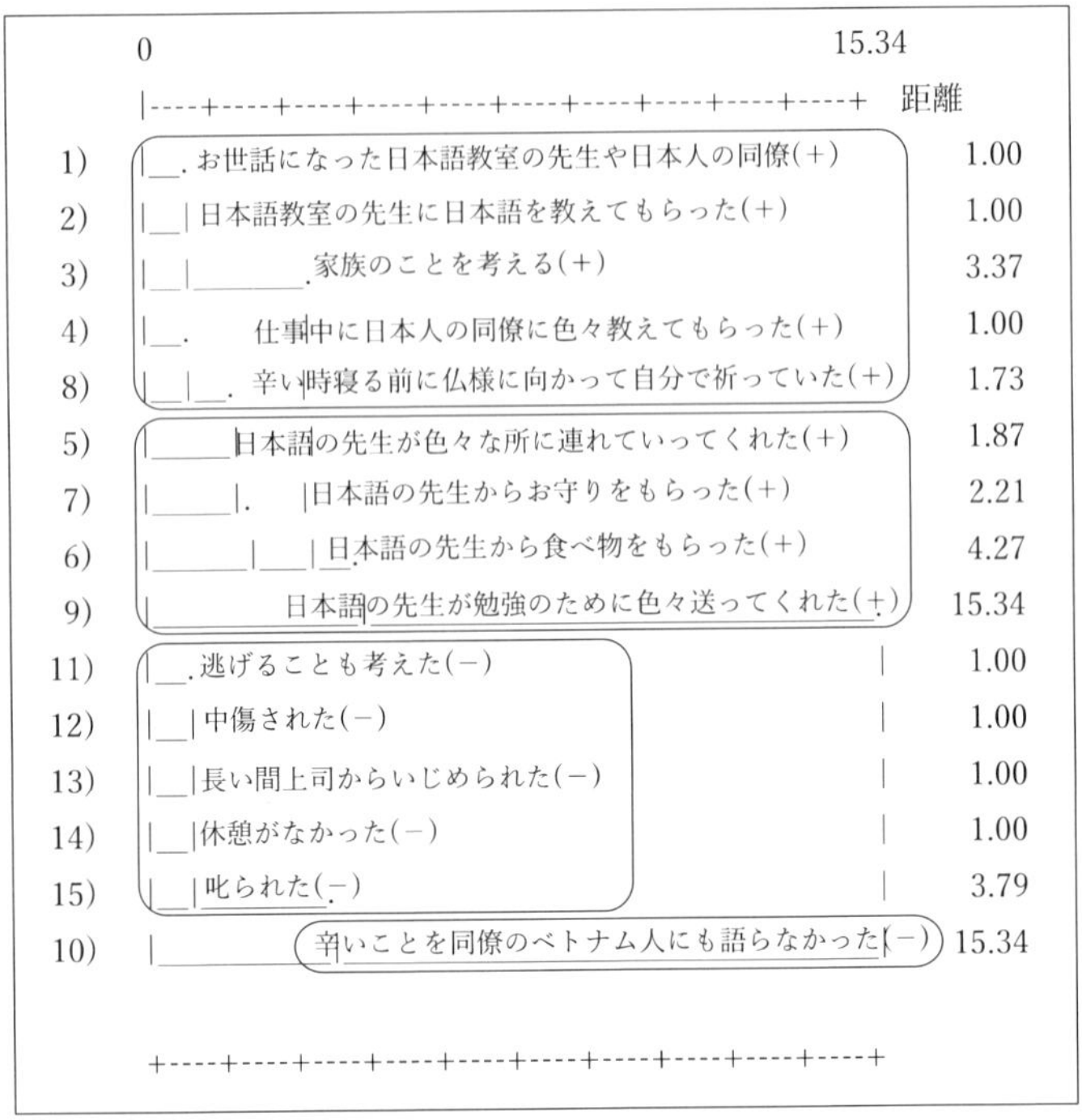

図４－３　調査対象者 G2 のデンドログラム

成され、上から「クラスター1」〜「クラスター4」とし、概要を示す。

(3) クラスターの解釈

次に、調査対象者G2の解釈の要旨を示す。ここでは、原則として、G2の発話をそのまま引用し、「」で表す。連想項目は【】で表し、クラスター名は《》で表す。次いで、クラスター間の類似点と相違点、および補足質問を示した後、総合的な解釈を行う。

（ⅰ）《最も大切で尊敬に値する家族、お世話になった日本人、仏教》

クラスター１は、【お世話になった日本語教室の先生や日本人の同僚】、【日本語教室の先生に日本語を教えてもらった】、【家族のことを考える】、【仕事中に日本人の同僚に色々教えてもらった】、【辛い時寝る前に仏様に向かって自分で祈っていた】の５項目である。

「大切にしている、そして尊敬しているというイメージです。もっとも大切にしています。家族のことも大切で、日本人の先生や同僚に教えてもらったこと、仏様に祈ること、全て大切なことです。何か、教えてもらったことはベトナムに戻った時に生かせます。日本語が使えたら、ベトナムの日本の会社で働くことができますので、そのために日本語を学びたかったです。」

クラスター１を《最も大切で尊敬に値する家族、お世話になった日本人、仏教》と命名した。

（ⅱ）《日本語講師との関わり》

クラスター２は、【日本語の先生が色々な所に連れて行ってくれた】、【日本語の先生からお守りをもらった】、【日本語の先生から食べ物をもらった】、【日本語の先生が勉強のために色々送ってくれた】の４項目である。

「ありがたいという気持ちです。海外で働いていると、誰かが自分に気をつかってくれたら温かい気持ちになりますよ。先生が送ってくれたお守りが印象に残っています。今でもずっと持っています。お守りの価値もそうですが、わざわざお寺に行って買ってくれたのが嬉しかったです。母の健康に問題があることを言ったら、先生が買って送ってくれました。」

クラスター2を《日本語講師との関わり》と命名した。

(iii)**《職場での辛い体験》**

クラスター3は、【逃げることも考えた】、【中傷された】、【長い間上司からいじめられた】、【休憩がない】、【叱られた】の5項目である。

「悪いことばかりなので、忘れたいです。辛いことはこれ以外にはありません。誰にもまだ語ってないですが、今日初めて話しますと、長い間いじめられました。7ヶ月くらい、叱られたり、いじめられたり、休憩ももらえなかったりしました。仕事中、よく上司に中傷されました。逃げることも考えました。でも日本に来る前に借金をしたので、逃げると借金は返せないので、色々我慢しました。いじめについて、これは忘れたいけど、これを糧に、もっと頑張っていきたいです。この辛さのおかげで、我慢強くなったと思います。辛いことだけど、考え方を変えると良いこととも考えられます。」

クラスター3を、《職場での辛い体験》と命名した。

(iv)**《誰にも自分の辛さを共有できない環境》**

クラスター4は、【辛いことを同僚のベトナム人にも語らなかった】の1項目である。

「圧力を受けて自分のことを周りに語れないし、言ったら周りに迷惑をかけるかもしれないから、黙っていました。これは悪いことだし、知らない方が良いことだから、ベトナム人の同僚にも言えなかったし、心配させるから家族にも言わなかった。ベトナム人の同僚もみんな辛かったし、私のことも知っていたと思います。」

クラスター４を、《誰にも自分の辛さを共有できない環境》と命名した。

（４）クラスター間の類似点と相違点

次に、相互の比較を通じてそれぞれのクラスターの内包をより明確にするため（内藤 2002）にクラスター間の類似点と相違点を調査対象者に尋ねた。

（ⅰ）《最も大切で尊敬に値する家族、お世話になった日本人、仏教》と《日本語講師との関わり》

「良いことで、良い印象があるという意味で、２つは心理的に近いです。また、自分にとって大切なことです。」

（ⅱ）《最も大切で尊敬に値する家族、お世話になった日本人、仏教》と《職場での辛い体験》

「この２つは全然違いますね。良いことと悪いことなので全然違います。《最も大切で尊敬に値する家族、お世話になった日本人、仏教》は自分に良い影響を与えますし、《職場での辛い体験》は自分に悪い影響を与えますね。辛いことはこれだけで、日本に来て最初の方だけです。その後、日本語教室を知りました。」

(iii)《最も大切で尊敬に値する家族、お世話になった日本人、仏教》と《誰にも自分の辛さを共有できない環境》

「この2つは全然違いますね、《最も大切で尊敬に値する家族、お世話になった日本人、仏教》は最高のことだから。辛かったのは家族にも語らなかったし、誰にも言わなかったです。」

(iv)《日本語講師との関わり》と《職場での辛い体験》

「この2つに関連はないけど、先生から色々もらったら、ちょっと日本の生活の見方が変わりました。辛いことばかりだったけど、日本の生活のイメージが変わりました。日本語の先生たちが優しかったから。」

(v)《日本語講師との関わり》と《誰にも自分の辛さを共有できない環境》

「この2つは全然違います。辛いことは誰にも話さなかったし、日本語教室のこともその頃は知りませんでした。日本語教室は日本に来て1年4ヶ月してから知ったので。」

(vi)《職場での辛い体験》と《誰にも自分の辛さを共有できない環境》

「この２つは関係があります。辛いこと、我慢していたことです。時々、誰かに語られたらいいなあと思っていた。気持ちが楽になるので。皆、同じようにいじめられていたと思うけど、黙っていたので分かりません。」

(5) 補足質問

次に、上記の「(３) クラスターの解釈」や「(４) クラスター間の類似点と相違点」で言及されていなかったり、言及されていたとしても不十分であると感じられた連想項目について、その項目の単独としてのイメージを確認する。

(i)【家族のことを考える】について

「家族のことは考えていました。辛いことを忘れられるように家族のことを考えるようにしていました。もちろん辛い時だけではなく、辛ければ辛いほど家族のことを考えたら安心しますし、逆に努力ができます。家族のために頑張ろうと思っていました。家族のために給料を送っていたので。家族のことを考えて、中傷されてもいじめられても頑張れました。」

（ii）【辛い時寝る前に仏様に向かって自分で祈っていた】について

「みんなは、ふつう辛いことがあったら、仏様に向かって祈って自分の気持ちを落ち着かせるのですが、それが十分できたかどうかは分かりません。また、辛いことを誰にも言えない時には、仏様に言って心を軽くしていました。本当だったらお寺に行きたかったです。ベトナムで近くにお寺がなくても、家に仏壇があります。お寺に行ったり、家庭で仏様や祖先に手を合わせていました。仏様の名前や祖先の名前を読んで、願いごとを言って、祈っていました。日本では、辛い時は寝る前に目をつぶって、小さい声に出してつぶやいて、心の中で仏様に向かって自分で祈っていました。日本でも、ベトナムのお寺があったら行きたかった。日本のお寺も良いけど、中の雰囲気も違うし、日本のお寺の習慣も祈り方も分からないから、行けませんでした。」

（iii）【逃げることも考えた】について

「仕事を辞めたら借金は残ります。借金が残ると困る人はもちろん家族でしょう。ベトナムに戻るまでには借金はなくなりましたが、借金はとても多いです。前の先輩も殴ったり、蹴ったりされたことがあったから、気をつけるようにと言われていた。最初はとてもひどかったですが、なぜか分からないですが、7ヶ月くらい経って、私が生活に慣れて、仕事にも慣れてくると、上司の態度が変わって、色々食べに連れて行ってくれたり、花見などにも連れて行ってくれるようになりました。辛かったですが、仕事に慣れて7ヶ月くらい経ったら、大丈夫になりました。」

(6) 総合的解釈

次に、総合的解釈にあたっては、G2の枠組みで解釈する中で、補足が必要な場合は、筆者が本PAC分析前に実施した半構造化インタビューで得た知見によって補いながら考察を行う。

(i) 心の拠り所を必要とする要因

連想項目15項目のうち、(−)項目は6つで、G2にとって日本での技能実習生としての生活は全体としてはプラスの方がやや強いイメージとなった。

6つの(−)項目のうちの5つで1つのクラスター《職場での辛い体験》(クラスター3)を構成している。それらの重要項目順については、【逃げることも考えた】が11位、【中傷された】が12位、【長い間上司からいじめられた】が13位、【休憩がなかった】が14位、【叱られた】が15位と、他の項目と比べるといずれも下位ではあるものの、いずれも職場に関する具体的な項目が5つ並ぶ。生活や仕事にも慣れてくると上司の態度が変わったとのことであるが、しばらくの間精神的なストレスになっていたと考えられる。また、クラスター4の【辛いことを同僚のべトナム人にも語らなかった】は重要項目順で10位であるが、(+)項目の【家族のことを考える】(同3位)の上位項目と結び付く。職場でのいじめ等で精神的に辛い日々を過ごしていて逃げたい思いもあったが、日本に来る前に借金をしたため、逃げると借金は返せず家族に迷惑をかけてしまうので、誰とも共有せずに我慢していたということである。G2は、日本での生活で辛かったことやストレスに感じたことは、これ以外には特に見当たらないとも言っていた。

(ii)心の拠り所と考えられること

仕事中、《職場での辛い体験》で苦しんでいたようだが、7ヶ月経ち仕事に慣れてきた頃から上司の態度も変わり、辛さもなくなってきたとのことであるが、クラスター1の項目を見ると、【お世話になった日本語教室の先生や日本人の同僚】が重要項目順1位であり、同4位に【仕事中に日本人の同僚に色々教えてもらった】が挙げられるなど、職場において日本人の同僚の存在はG2の大きな心の支えになっていたと考えられる。

来日して大きな転機となったのは、1年4ヶ月経って知った日本語教室の存在であるようだ。日本語教室の優しく接してくれる日本語講師に出会ってから、G2は日本の生活のイメージが変わったと語っている。クラスター2の《日本語講師との関わり》は、【日本語の先生が色々な所に連れていってくれた】(重要項目順5位)、【日本語の先生からお守りをもらった】(同7位)、【日本語の先生から食べ物をもらった】(同6位)、【日本語の先生が勉強のために色々送ってくれた】（同9位）と4つの項目で構成されているが、すべての項目が日本語講師との具体的な関わりについてである。G2がクラスター2の解釈で語っているように、海外で働きストレスを抱える中で、自分に気遣ってくれる日本語教室の講師との触れ合いを通して、G2は安らぎを感じていたと推測される。クラスター1の【お世話になった日本語教室の先生や日本人の同僚】が重要項目順1位というのを鑑みても、日本語講師の存在は、G2にとって大きな支えであったと考えられる。同2位の項目は【日本語教室の先生に日本語を教えてもらった】であるが、G2が半構造化インタビューで、日本語学習が日本語教室で一番楽しい活動であると語っており、またクラスターの解釈で、将来ベトナムへ帰国後の就職のために日本語の勉強を続けていたと語っていることを踏まえると、辛さを忘れ将来を見据えて前向きな気持ちで取り組める日本語学習は、G2にとっての心の支えになっていたと言えるだろう。

さらに、家族の存在も欠かせない。G2は（一）項目のクラスター3について語る際に、職場が辛く逃げ出したかったが、借金が残り家族に迷惑をかけたくないから我慢したと述べており、同じく（二）項目のクラスター4でも誰にも語れなかった辛さについて触れた時にも、心配させたくないから家族にも黙っていたと述べているなど、ここでも家族について触れており、G2にとっての家族の存在の大きさが窺える。そのため、半構造化インタビューでは、特に母親に心配をかけたくないので一切黙っていたと語っていたが、辛さを共有できないストレスも甚大だと推測される。この大きな存在である【家族のことを考える】の項目については、重要項目順で3位と高順位であり、最も大切で尊敬に値すると評されているクラスター1に属していることを踏まえると、この時間が重要だと考えられる。【家族のことを考える】について補足質問をした際には、辛いことを忘れられるように家族のことを考えていて、辛ければ辛いほど家族のことを考えたら安心するし、家族のために給料を送っていたので、辛くても家族のことを考えて頑張っていたと語っている。このように、G2にとって家族について考えるのは、安らぎの時間でもあり、自らを奮い立たせる存在であったと言える。

(iii) 仏教に対する信仰

仏教に関する項目としては、(+) 項目の【辛い時寝る前に仏様に向かって自分で祈っていた】が1つ挙がっている。重要項目順では15項目中8位と中位であるが、クラスターとしては、最も大切で尊敬に値すると評されているクラスター1に属している。G2は、この項目の補足質問では、仏教の祈りについて、辛いことを誰にも言えない時に仏と対話して自身の心の負担を減らすようにしていたと語っていた。寺院へ参拝に行ったり仏壇に向かって手を合わせたりしていたベトナムでの信仰活動と比べて日本での信仰の環境が不十分であることや、代替の場としての日本の地域仏教寺院に興味を抱いているのを示唆する発言もあった。しかし、辛さを家族や同僚など誰とも共有できない異国の生活において、心の中で祈るなど自分なりの信仰生活を整えながら仏教の信仰を継続していたことは、G2の精神面の安定において重要な時間であると推測できる。

４-２-３　まとめ

次に、仏教徒ベトナム人技能実習生の心の拠り所、またその心の拠り所を必要とする要因、そして仏教の信仰について、それらはどのようであるか、Ｇ１とＧ２を関連づけて以下にまとめる。

（１）心の拠り所を必要とする要因

Ｇ１とＧ２の２人の日本での技能実習生としての生活としては、連想項目数から、全体としてはプラスの方が強い傾向にあった。

職場の環境については、Ｇ１もＧ２も共に連想項目として挙げている。Ｇ２は職場でのいじめ等で精神的に辛い日々を過ごしていたとのことである。それに対して、Ｇ１は他のベトナム人技能実習生から嫌われたことを挙げ、日本語が上達して日本人から仕事を任されるようになると、嫉妬から特に先輩のベトナム人から嫌われて人間関係が悪くなり、寮で共同生活であるため息抜きができなかったと語っていた。

次いで、家族に関する項目を挙げることができる。Ｇ１は家族と離れた寂しさが連想項目の重要項目順で１位であり、家族の一大事に帰国できない状況を親不孝に感じたとも語っていたが、その思いは極めて大きいと推察される。G2は職場の辛さを誰とも共有できないという文脈で、家族について触れている。逃げたい思いがあっても、日本に来る前に借金をしたため、逃げると借金は返せず家族に迷惑をかけてしまうので我慢していたと語っていた。

(2) 心の拠り所と考えられること

G1は日本語が上達してベトナム人の同僚から嫉妬は受けたが、通訳を頼まれるようになり、職場の人に信用してもらえたと思って嬉しかったと語っていた。関連する連想項目の重要順が2位であるが、周りから信用を得ている実感は、実習期間の多くを費やす職場で安心感を得る上で重要であったのだろう。G2は、日本人の同僚の存在が連想項目の重要順で1位(日本語教室の講師と共に1位)であり、職場において日本人の同僚の存在はG2の大きな心の支えになっていたと考えられる。

日本語の学習については、G1もG2も共通して、連想項目に複数回「日本語」という言葉が使われている。技能実習期間が終わってベトナムに戻った時に日本語力が高いと日本語講師になれるため、将来が不安だったので、日本語の勉強をしていたとも語っており、辛さを忘れ将来を見据えて前向きな気持ちで取り組める日本語学習自体に安らぎを求めていたと推察できる。

またG2は、日本語教室の優しく接してくれる日本語講師に出会ってから日本の生活のイメージが変わったと語っている。日本語講師の存在は連想項目の重要順で1位であることも踏まえると、この存在は間違いなく大きな心の支えになっていただろう。G1についても、連想項目で関連する項目が複数挙がっているが、「お父さん、お母さんみたいに優しい」と評し、家族には心配をかけたくないために話せないことを日本語講師に話を聞いてもらっていたと語っていることからも、心の拠り所の1つになっていたと考えられる。

その他、G1にとっては、話しかけてくれた近所の日本人との触れ合いも大切だったと考えられる。ベトナム人の友達（連想項目の重要順3位）については、この友達が会社外にできたことでストレス解消ができるようになっていったと語っていた。「ベトナム」という言葉が連想項目に複数挙がっていることからも、故郷との繋がりは異国における心の支えとして重要なのだろうと推察される。

G2については、家族のことを考える時間（連想項目の重要項目順3位）が心の支えとしての重要度が高いと考えられる。辛いことを忘れられるように家族のことを考え、辛ければ辛いほど家族のことを考えたら安心すると語っていた。また、家族のために給料を送っていたので、辛くても家族のことを考えて頑張っていたと語っているように、G2にとって家族は自らを奮い立たせる存在でもあると言える。

(3) 仏教に対する信仰

G1は、仏教に関連することとして、2つ（+）項目が挙がっている。寂しい時や人に話せない話があったら寺院へ行き、心を落ち着けてストレスを発散していたと語っている。これら2つの項目は家族に関連する項目と共に1つのクラスターを構成しているが、家族には心配をかけられないから、辛い時には仏教寺院に行って仏と対話したり母親の病気が早く治るように祈ったりしたと語っていたように、G1にとって「一番大切な存在」の家族と寺院での祈りが大きく結びついているのではないかと推測される。

G2は、1つの(+)項目が挙がり、重要項目順では中位であるが、最も大切で尊敬に値すると評されているクラスターに属している。辛いことを誰にも言えない時に仏と対話して自身の心の負担を減らすようにしていたと語っている点はG1と共通している。

G1はベトナム寺院に通えないのは寂しいと語る一方で、近くの地域仏教寺院を祈りの代替の場として活用できていることが窺える。それに対してG2は、ベトナムでの信仰活動と比べて、日本での信仰の環境が不十分であることや、代替としての日本の地域仏教寺院への興味を示唆する発言もあった。

異国の生活で自身の辛さを誰かと共有しづらい環境の中で、G1もG2も、心の中で祈るなど自分なりの信仰生活を整えようとしているように見える。このベトナム人技能実習生の仏教の信仰の面の分析については、これまでの先行研究で明らかになっていない点であるが、本稿の分析を通して、仏教の信仰は精神面の安定において重要な要素となっているのではないかと考えられる。

4-3　考　察

このまとめをもとに、仏教徒ベトナム人技能実習生の心の拠り所、またその心の拠り所を必要とする要因、そして仏教の信仰について、それらはどのようであるかについて、先行研究や理論的枠組みに関連させて考察する。

4-3-1　心の拠り所について

ベトナム人技能実習生たちの会社での現状について、職場でのいじめ等で精神的に辛い日々を過ごしているため失踪する実習生がいたという内容は先行研究でも明らかになっている（グェン 2013; 加藤 2019）が、本書でも示すことができた。そのような日々の不安や悩みや慣れない職場のストレスは、夢を抱いてやって来た日本で、異国での現実としてベトナム人技能実習生を苦しめ、それらが彼らに心の拠り所を求める要因となっていると考えられる。

ベトナム人技能実習生の中にはキャリアアップを図るために高い日本語能力を身につけようという動機を持って地域日本語教室へ通う人がいることは先行研究でも明らかとなっている（落合 2010; 中川ほか 2018）が、今回の調査でも同様に示すことができた。日本語教室に通えたとしても仕事で日本語を使う機会が少ないなどの理由で学習継続は容易ではない（落合 2010; グェン 2013; 中川ほか 2018; 樋口 2019）ものの、日本語学習を継続することで夢が膨らみ、それを心の支えにして生活していると考えられる。支援者や学習者同士の交流で日本語教室が学習者にとって安心できる場所になり得ると考えられている点（山辺 2011; 佐藤ほか 2018; 樋口 2021）はこの調査でも確認できた。

地域日本語教室は支援者を軸として地域住民と学習者が繋がる存在である（山辺 2011; 佐藤ほか 2018）が、調査対象者の聞き取りから交流相手は日本語講師の支援者というのが現状である。この日本語教室における異文化交流を接触仮説理論の観点から捉えると、接触仮説の4つの条件（対等の地位、協力的な関係、共通の目標、制度的あるいは権威者の支援）のうち、日本語力を上げるという共通の目標が設定され、支援者という権威者の支援があるものの、支援者を交流相手と見た時に、必ずしも対等の地位の関係性を構築されているとは言えない。

4-3-2 仏教の信仰について

移民は必ずしも熱心な信仰生活を送るとは限らないものの、多くの場合母国での信仰を継続しようとするわけである（白波瀬・高橋 2018）が、今回の調査では仏教徒ベトナム人技能実習生について、来日前に定期的にベトナム寺院に参拝して仏前で祈りを捧げるのが習慣化されていた分、ベトナム寺院のない現実に直面して寺院に行けない寂しさを感じていることが分かった。また、ベトナム人はベトナム様式の仏教施設にこだわって日本の仏教寺院を利用しない傾向にあること（野上 2010）や、近隣にベトナム寺院があるわけではないために個別に自宅で宗教的な生活を送る人もいること（川上 2001）についても、今回の調査で確認することができた。

また、ベトナム人技能実習生たちが日本語教室のない平日に故郷との繋がりを求めていることが今回の調査で分かったが、ベトナム寺院が信仰継続だけではなく自己の家族や祖国との繋がりの確認、また一時の安定や自己のエスニックアイデンティティ形成の場になっていること（川上 2001）を踏まえると、仏教徒のベトナム人技能実習生が地域社会で心の拠り所を持って生活を送るには近隣にベトナム寺院があることが望ましいと考えられる。

非集住地域のベトナム人技能実習生がベトナム寺院の代替として日本の地域仏教寺院に興味を示す可能性があることを今回の調査で示すことができたが、家族との関係が基軸になり、異国で家族との関係を思い出す時のコンテクストで信仰がある面を踏まえ、一緒に祈る共同の場なくして一人で孤独に信仰を行わねばならない現状のベトナム人の心の空洞を満たすという意味でも、地域仏教寺院がベトナム寺院の代替となりうるかどうかについて、技能実習生だけではなくその他の属性のベトナム人にも協力を得た上で明らかにする必要がある。この調査についての結果は、次の章で詳しく述べていく。

注

1　ベトナム人の集住地域である一部の都市には近年ベトナム寺院が建立されている（第1章注7参照）。本書では「非集住地域」を「近隣にベトナム寺院の建立されていない地域」と定義する。
2　ベトナム語の旧正月（旧暦の正月）のことである（坪井 1995）。

第5章

ベトナム仏教法要はベトナム人仏教徒の信仰や人間関係にどのような影響を与えるか

本章では、地域仏教寺院の主宰するベトナム法要はベトナム人仏教徒の信仰、ベトナム人同士の繋がり、および日本人との繋がりにどのような影響を与えるかを明らかにすることを目的として実施した第2研究の調査について扱う。本研究の調査地は、ベトナム人仏教徒の信仰継続を目的とした活動をする北九州市の地域仏教寺院の永明寺とした。調査対象は、永明寺のベトナム仏教法要に参加経験のあるベトナム人大学生1名（A）とベトナム人元技能実習生2名（B、C）の合計3名である。本調査は2020年8月〜2021年5月において実施された。調査対象者3名に対して、半構造化インタビュー（複数回にわたって実施）をそれぞれ約1時間半〜2時間行っている。

インタビューデータをすべて文字に起こした後、SCAT（Steps for Coding and Theorization）を用いて分析した。SCATの手順としては、セグメント化した生のデータのそれぞれに対して、データの中の注目すべき語句を抜き出し、それをテクスト外の語句に言い換える。さらに、それを説明するようなテクスト外の概念に言い換えた後、そこから浮かび上がるテーマ・構成概念を抽出する。この順にコードを考えて4段階のコーディングを行い、そのテーマと構成概念を紡いで、ストーリー・ラインを記述し、理論記述を行っていった。以下、調査対象者A、B、Cの分析結果をそれぞれ示した後、3名の結果をまとめ、最後に考察を行う。

表５－１　SCATによる分析結果（Ａ氏の分析結果の一部）

番号	発話者	テクスト	<1> テクスト中の注目すべき語句	<2> テクスト中の語句の言いかえ	<3> 左を説明するようなテクスト外の概念	<4> テーマ・構成概念（前後や全体の文脈を考慮して）
5	A	(Q: その後日本に来て、日本語学校に行ったんですよね。日本に来て、お寺に行けなくてどんな気持ちでしたか) お父さんが亡くなって３ヶ月しか経っていなかったので、すごい辛かったですけど、私が良かった点は知り合いの友達と一緒に日本に来ました。その友達は私の辛い気持ちを知っているけど、言ったら泣くので何も言いませんでした。私も他の人にこのことを言いたくなくて、言わなかったけど、ひとりでいる時とか家に帰ったら涙が流れていました。福岡にはたくさんお寺があると聞いていたので、お寺の服を持って来ていました。行こうと思ったけど、なかなか行けなくて辛かったです。人に簡単にシェアできないので…。	日本に来て／お父さんが亡くなって３か月しか経っていなかった／他の人にこのことを言いたくなくて／涙が流れて／お寺／なかなか行けなくて辛かった	来日／父親の死後から間もない／他の人に話せない／寺院に行く機会がなくて辛い	肉親の死別後間もない来日／シェアできない苦しみ／仏教寺院での苦しみからの解放の期待／仏縁に恵まれない日々	苦悩を誰とも共有できない日々／仏教寺院への参拝願望／寺院への参拝機会の喪失

ストーリー・ライン	来日前、仏教寺院への定期的な参拝習慣を有し、仏縁による教化で仏教に出遇った喜びを得ていた。しかし、来日後、寺院への参拝機会の喪失により、苦悩を誰とも共有できない日々を送っていた。地域仏教寺院への参拝願望を持つものの、日本の寺院の参拝作法に精通していない不安感や日本語能力に対する自信のなさから、地域仏教寺院への参拝に対するためらいを抱いていた。
理論記述	・来日前、仏教寺院への定期的な参拝習慣を有し、仏縁による教化で仏教に出遇った喜びを得ている。／・来日後、寺院への参拝機会の喪失により、苦悩を誰とも共有できない日々を送る。／・地域仏教寺院への参拝願望を持つものの、日本の寺院の参拝作法に精通していない不安感や日本語能力に対する自信のなさから、地域仏教寺院への参拝に対するためらいを抱いている。

5-1　SCATの分析結果

Ａ、Ｂ、Ｃのインタビューデータをセグメント化した結果、Ａのデータは32に分割され、Ｂのデータは28に分割され、Ｃのデータは30に分割された。コーディングの結果については、表５－１（Ａの分析結果の抜粋）に一例を示すとともに、理論記述の引用をもとに、Ａ、ＢおよびＣが、地域仏教寺院主催のベトナム仏教法要の参加を通じて信仰と対人関係について影響を受けたかについて詳述する。記述中における下線部は、ＳＣＡＴの「〈４〉テーマ・構成概念」を表し、〈　〉は分析で得られた理論記述の抜粋、「　」はインタビューでの発言の生のデータである。

5－1－1　調査対象者Aの分析結果

〈来日前、仏教寺院への定期的な参拝習慣を有し、仏縁による教化で仏教に出遇った喜びを得ている〉〈来日後、寺院への参拝機会の喪失により、苦悩を誰とも共有できない日々を送る〉という理論記述から、Aにとって仏教および寺院は心の拠り所であり、来日後も寺院参拝継続への願いを抱いていることが確認できた。そして、〈地域仏教寺院への参拝願望を持つものの、日本の寺院の参拝作法に精通していない不安感や日本語能力に対する自信のなさから、地域仏教寺院への参拝に対するためらいを抱いている〉という理論記述から、地域仏教寺院への参拝を躊躇していたが、〈法要の意味理解に必須のベトナム人僧侶の存在があり、多くのベトナム人との協働活動への期待を持つ〉という理論記述にあるように、ベトナム人僧侶の存在に安心感を持ち、他のベトナム人との出会いへの期待も抱きながら、地域仏教寺院への参拝を決めている。この法要自体については、〈この法要では、ベトナム人との苦悩の共感体験により、異国でのベトナム仏教法要実施の素晴らしさに対する気づきを得ている〉という理論記述から、同郷のベトナム人とともに苦悩を共有する場を得られたことや、ベトナム仏教の信仰の場を得られたことへの喜びが確認できた。地域仏教寺院については、「M先生がすごい熱心で、いつも手を貸してくれます。（中略）ブーランの前日は準備をしないといけないですが、M先生もすごい気が付く先生だから、寝る所とか、すごい準備してくれました」の語りや、〈地域仏教寺院住職の利他的思考やベトナム人ボランティアの協働活動により法要が可能となっている〉

〈地域仏教寺院住職の利他的思考により、地域仏教寺院に対する認識の変容が生まれるとともに、日本の寺院での信仰可能性への気づきを得る〉という理論記述から、M住職への感謝の念を抱くと当時に、M住職との関わりや法要の参加を経て、日本の寺院での信仰継続の可能性に期待していることが分かった。また、〈この法要後は、ベトナム法要参加で生まれた同朋とともに、信仰の機会創出の活動を始めることとなる〉〈仏教関連活動へのベトナム人の自発的な参加につなげられたことで、ベトナム人仏教徒同士の繋がり強化への貢献を果たせている〉という理論記述から、この法要をきっかけとして、ベトナム人仏教徒との繋がりが生まれて宗教コミュニティを発足させ、その宗教活動を通じて次第にベトナム人同士の関係性が強固になっていることが確認できた。信仰については、〈ベトナム仏教法要後の信仰としては、自身の居住地のベトナム仏教寺院建立への願いを抱いている〉〈悲嘆を抱いたベトナム人仏教徒とともに、宗教施設の代替の場での信仰を行っている〉という理論記述に見られるように、宗教コミュニティのメンバーとベトナム人の自宅に定期的に集まってベトナム仏教様式で信仰を継続していることが分かった。

5-1-2　調査対象者Bの分析結果

〈来日前、家族から勧められた仏教の信仰と寺院への参拝であるが、毎日参拝し読経した習慣により、仏教の信仰心の深まりを得る〉〈来日後は、心の拠り所であり先祖崇拝と親への謝意行為のできる仏教寺院を求める〉から、Bにとって仏教および寺院は心の拠り所であり、来日後も信仰継続を望んでいることが確認できた。そして、〈入りやすいベトナムの仏教寺院とは違いベトナムで耳にしていた地域仏教寺院の敷居の高さや日本の寺院の参拝作法に精通していない不安感から地域仏教寺院への参拝に対するためらいを抱き、寺院へ行けない寂しさを感じている〉という理論記述から、地域仏教寺院への参拝を躊躇していたが、〈SNSで知り得た情報により、仏教法要参加の喜びを抱く〉〈法要参加の目的は、新たな人間関係構築、仏教の信仰継続、日本仏教への関心である〉という理論記述にあるように、信仰継続だけでなく、新しい出会いへの期待や日本仏教への関心を持ち、地域仏教寺院への参拝を決めている。その法要については、〈ベトナム人僧侶の存在による高い再現性がある〉〈先祖崇拝と親への謝意行為の実現を得て、仏教法要参加の喜びを抱く〉という理論記述から、ベトナム人僧侶の存在によってベトナム仏教と同様の信仰の場を得られた喜びを確認できた。また、「お坊さんは儀式ができます。普通の人はできないので、必要です。お坊さんは、ベトナム人かほかの国でも良いと思います。重要なことは皆さんに伝達できて、法要の意味が分かるようにされて、法要後に皆の心の中に何か残せることです」という語りや、〈仏教や法要の意味伝達が可能であることを満たせば、ベトナム人僧侶に限る必要性のなさを感じている〉という理論記述にあるように、この法要を通じて、日本の仏教寺院での信仰継続の可能性に期待している。また、〈交流機会がなく構築できなかったベトナム人同士の人間関係は、新たに創出されたSNS上でのベトナム人同士の繋がりにより、〈ベトナム人同士の共助関係が構築されている〉という理論記述から、この法要がきっかけとなり、これまでベトナム人同士の交流機会がなかったが、ＳＮＳ上で繋がりができ、共助関係が生まれたことが確認できた。また、〈新たに生まれた日本人や地域仏教寺院との関係性により、日本人で行う仏教の勉強会への参加を通じて、仏教の享受の機会を得ている〉〈法要後の信仰としては、心の中で行う祈りを通じて、自宅で自身だけでの信仰を基本的に行っている〉という理論記述から、法要参加後も自宅で信仰を行っているが、この法要をきっかけに仏教に関心を持つ日本人との関係も生まれて仏教の勉強会に参加していることも確認できた。

5-1-3　調査対象者Ｃの分析結果

〈来日前、母親の影響で興味を持った仏教である〉〈寺院への習慣的な参拝では、信仰心を持って行う仏への祈りの機会を得る〉〈参拝者との繋がりの創出を求めて寺院参拝への願望を持つが、日本語能力に対する自信のなさから、地域仏教寺院への参拝に対するためらいを抱く〉という理論記述から、仏教徒であるＣにとって、寺院参拝は信仰の場というだけではなく人との繋がりを得る場という意味合いもあり、来日後も寺院参拝を望んでいたことが確認できた。また、来日後、地域仏教寺院への参拝を躊躇していたが、〈孤独な生活や人間関係の苦悩を解決したい思いを持っていたところ、ＳＮＳで見つけた仏教コミュニティのベトナム人仏教徒との出会いを得る〉〈ベトナム人仏教徒との出会いを通じて、仏教徒ベトナム人コミュニティからの受容を得て、ベトナム仏教法要への誘いを受ける〉という理論記述にあるように、苦悩を抱える自身を受入れてくれたベトナム人仏教徒コミュニティからの誘いを受けて、地域仏教寺院への参拝参加に至っている。法要や地域仏教寺院については、〈法要を通じて、精神的疲労の緩和やベトナム人同士で悩みを共有する繋がりの創出を生み出した地域仏教寺院住職に対する感謝の念を抱く〉という理論記述から、法要を通じて精神的な安らぎを得られたことが確認でき、また同郷のベトナム人とともに苦悩を共有する場を得ることに繋がった法要実施を実現してくれたM住職に感謝していることも分かった。また、〈ベトナム仏教法要で生まれた日本人との繋がりが新たに生まれる〉〈日本人との良好な関係性により日本に対するイメージの変容が起こる〉〈日本語能力に対する自信を得て、日本に対する嫌悪感がなくなる〉という理論記述にあるように、この法要がきっかけとなって日本人との良好な関係が構築され、それが日本語能力への自信につながり、日本に対する嫌悪感の払拭に至っている。法要後の信仰については、〈ベトナム仏教参加後、変化のない信仰環境ではあるものの、納得した自宅での信仰生活を送っている〉という理論記述から、特に変化したわけではないが、良好な人間関係の構築から心の安定を得られたことで、納得しながら信仰を続けていることが分かった。

5-2　まとめ

以下では、これまでの３人の分析結果を踏まえ、地域仏教寺院主催のベトナム仏教法要はベトナム人仏教徒の信仰と対人関係の面でどのような影響を与えたかを示していく。

5-2-1　ベトナム人仏教徒の信仰への影響

Aは、この法要の参加をきっかけとして、ベトナム人仏教徒との繋がりが生まれて宗教コミュニティを発足させ、そのメンバーとベトナム人の自宅に図5-1のように定期的に集まってベトナム仏教様式で信仰を継続している。Bは、法要参加後も自宅で信仰を行っているが、この法要がきっかけに日本人との関係も生まれて仏教の勉強会に参加するようになっている。Cは、信仰生活に特に変化はないが、良好な人間関係の構築から心の安定を得られたことで、納得しながら信仰を続けている。母国ではいずれも定期的に寺院に通って信仰を行っており、その頃と比べると限定的ではあるが、信仰を継続できるようになっていると考えられる。

図５－１　ベトナム人仏教徒の自宅での様子（著者撮影）

これらのことから、以下のことが推論される。ベトナム人仏教徒は、地域仏教寺院の主催するベトナム仏教法要に参加することを通じて、その後納得した信仰生活を送ることができるようになっている。また、それまで地域仏教寺院への参拝に躊躇していたが、法要への参加を通じて、ベトナム仏教と同様の信仰の機会を得ることができたことへの喜びを得るとともに、その信仰の場を提供した住職へ感謝の念を抱いている。また、地域仏教寺院は厳密にはベトナム仏教寺院とは異なるものの、それまで抱いていた近寄りづらいイメージが払拭され、この法要参加が地域仏教寺院を信仰継続の場の一つとして捉えるきっかけになっている。

5-2-2　ベトナム人仏教徒の対人関係への影響

ベトナム人同士の対人関係への影響については以下の通りである。Aは、この地域仏教寺院主催のベトナム仏教法要の参加をきっかけとして、ベトナム人仏教徒との繋がりが生まれて宗教コミュニティを発足させている。また、仏教関連活動を通じてその関係性は次第に強くなり、そのコミュニティメンバーとベトナム人の自宅に定期的に集まってベトナム仏教様式で信仰を継続するようになっている。Bは、これまでベトナム人同士の交流機会がなかったが、SNS上で繋がりができ、共助関係が生まれるようになっている。Cも、この法要を通じてベトナム人との繋がりがさらに広がって、苦悩を共有する場を得ることができている。ベトナム人と日本人の対人関係への影響については、Aに変化は見られなかったものの、Bはこの法要がきっかけとなって仏教に関心を持つ日本人との関係が生まれ、一緒に仏教の勉強会に参加するようになっている。また、Ｃは、単純作業ばかりで日本人の知り合いもできずに精神的に辛い日々を過ごしていたが、この法要に誘ってくれたベトナム人仏教徒を介して、日本人の友達ができて日本語能力が上達して自信が生まれ、積極的に日本人とも関わるようになったことで、日本に対する嫌悪感が払拭されていった。

つまり、ベトナム人仏教徒は、地域仏教寺院の主宰するベトナム仏教法要に参加することを通じて、同郷であるベトナム人同士の繋がりを強めることができるのではないかと推論される。また、予備調査で住職が語っていたが、当寺院は長年にわたり、市民センターのように様々な目的で寺院を無料開放して地域住民を招き、地域とのつながりを継続的に大切にしてきた。この継続的な活動がベースにあったからこそ、地域のベトナム人仏教徒との繋がりが生まれ、そして彼らが仏教の信仰の場を求めていることに住職が気づいて何とかしてあげたいと思うようになり、ベトナム仏教式の法要の実施に至ったと考えられる。

日本人との繋がりについても、この法要がきっかけで創出されていなくはない。寺院を地域に開き、強固な日本人コミュニティが築き上げられてきたからこそ、ベトナム法要に参加をしたベトナム人と当寺院に関わりのある日本人との繋がりが生まれるに至ったと考えられる。ただし、仏教を通じた交流のみであり、信仰を超えたホスト社会との関係構築に至っているとまでは導き出せない。

5-3　考　察

次に上記のまとめの内容を踏まえて、先行研究や理論的枠組みをもとに、ベトナム人仏教徒の信仰、対人関係への影響について考察を行う。

5-3-1　ベトナム人仏教徒の信仰への影響

移民は必ずしも熱心な信仰生活を送るとは限らないものの、多くの場合母国での信仰を継続しようとする（白波瀬・高橋 2018）わけであるが、今回の調査から非集住地域のベトナム人仏教徒は地域仏教寺院の主催するベトナム仏教法要に参加することを通じて、母国で定期的に寺院に通っていた頃と比べると信仰の場は限定的であるものの（戸田 2001）、それぞれ納得した信仰生活を送ることができるようになっていることが確認できた。第1研究で明らかになったように故郷との繋がりを求める傾向にあるので、宗教実践が自己の家族や祖国との繋がりの確認、また一時の安定や自己のエスニックアイデンティティ形成の場を求めて行われる（川上 2001）ことを踏まえると、先祖崇拝を目的とした日本の盂蘭盆にあたるブーランの仏教行事に参加できたことは信仰だけにとどまらない意義があると考えられる。

地域仏教寺院はベトナム寺院と同様に阿弥陀仏を本尊とする浄土教系ではある（ミン・チー 1995）が、厳密にはベトナム仏教寺院とは異なるという認識をベトナム人の参拝者は抱いていたことが確認できている。仏教徒のベトナム人はベトナム様式の仏教施設にこだわって日本の仏教寺院を利用しない傾向にある（野上 2010）ということであったが、この法要への参加によって地域仏教寺院の近寄りづらいイメージも払拭され、地域仏教寺院が信仰継続の場の一つとして捉えられるきっかけになっていることが窺えた。今回の調査でも独自のベトナム仏教寺院の建立を希望する（野上 2010）可能性は確認されたが、習慣の大きく異なる日本の仏教団体を通じた宗教活動に抵抗感を抱いた（野上 2010）ことがその動機に繋がっていない点は先行研究と異なっている。ベトナム人仏教徒にとって、宗教的なリーダーは宗教的実践で極めて重要である（川上 2001）が、今回の調査で「僧侶はベトナム人に限る必要はない」という発言があったように、リーダー像の認識についても影響が見られる可能性が確認できた。

5-3-2　ベトナム人仏教徒の対人関係への影響

当寺院は「寺を開く」（大谷 2019）という姿勢を持ち、地域とのつながりを継続的に大切にしながら公共性を発揮させてきた（＝「社会参加仏教（エンゲイジド・ブッディズム）」）。この継続的な活動がベースにあったからこそ、地域のベトナム人仏教徒との繋がりが生まれ、彼らが信仰の場を求めていることに住職が気づいて何とかしてあげたいと思うようになり、ベトナム仏教式の法要の実施に至ったと考えられる。

このベトナム仏教法要については、参加者の組織の分類としては、地域仏教寺院で実施しているとはいえほとんど全員がベトナム人仏教徒であるため、特定のエスニシティの信者に独占されている「モノエスニックな宗教組織」（白波瀬 2016; 白波瀬・高橋 2018）にあたると考えられる。そのため、この法要はベトナム仏教寺院の擬似的な空間であると捉えられ、この宗教実践は自己の家族や祖国との繋がりの確認、また一時の安定や自己のエスニックアイデンティティ形成の場（川上 2001）になったことで、ベトナム人同士の関係性が創出されるとともに、強固なものになっていったと考えられる。

これらのことから、地域仏教寺院には、同質な者同士を結びつける結束型の社会関係資本としての特徴があり、地域社会の多文化共生の実現化において、外国人仏教徒の心理的安定につながる役割を果たす可能性があると言える。宗教組織は同質性から結束型の社会関係資本を形成しやすい（白波瀬 2018; 永田 2018）という点をこの調査でも確認することができた。

多文化共生という視点で当寺院におけるベトナム人と日本人との関係性の構築を見ていくために、法要における異文化交流を接触仮説理論の観点から捉えると以下の通りである。接触仮説の4つの条件（対等の地位、協力的な関係、共通の目標、制度的あるいは権威者の支援）のうち、協働で法要を作り上げているということから協力的な関係性や共通の目標は確保されており、住職という権威者の存在も確保されているといえる。一方で、関わる日本人が基本的に寺院関係者であることを踏まえると、日本人と外国人の対等な関係性が構築されているとは必ずしも言えない。ただし、元々この法要はベトナム人仏教徒に信仰の場を提供するということが目的であり、地域の日本人との関係構築についてデザインされているわけではないことを添えておく。

地域仏教寺院の関わる多文化共生を実現していくには、信仰を超えた中でホスト社会との関係性の広がりが必要であり、その方策が国際共修の実践にあるのではないだろうか。地域仏教寺院が積極的に関わる地域の国際共修についての調査結果については、次の章で示していく。

第6章

国際共修はベトナム人仏教徒の信仰や人間関係にどのような影響を与えるか

この章では、地域仏教寺院の関わる国際共修（西林寺の地域での活動や「リトルアジアマーケット」）が外国人仏教徒の信仰、外国人同士の繋がり、日本人との繋がり、および日本人の外国人に対する意識へどのような影響を与えるかを明らかにすることを目的として行った第3研究の結果について扱う。

本研究の対象は、福岡市の地域仏教寺院の西林寺とした。西林寺は隣接する吉塚商店街とともに、「リトルアジアマーケット」という国際共修プロジェクトを開始したが、このプロジェクトでは外国料理店を誘致して、地域住民が外国人とともに共同で商店街を運営している。また、この一環で地域の仏教徒外国人の信仰継続を目的とした活動も行っているということで、本研究の調査地として相応しいと判断したため、こちらが調査地として選定されている。調査対象者は、西林寺に参拝経験のあるベトナム人仏教徒1名（A）、「リトルアジアマーケット」のプロジェクトメンバーであり吉塚商店街勤務の外国人1名（B）および日本人1名（C）の合計3名である。調査期間は2021年5月から2021年9月で、1人につき約1時間から1時間半の長さで複数回、半構造化インタビューを実施した。

インタビューデータをすべて文字に起こし、第2研究と同様で、SCAT（Steps for Coding and Theorization）を用いて分析した。SCATの手順としては、セグメント化した生のデータのそれぞれに対して、データの中の注目すべき語句を抜き出し、それをテクスト外の語句に言い換える。そして、それを説明するようなテクスト外の概念に言い換えた後、そこから浮かび上がるテーマ・構成概念を抽出する。この順にコードを考えて４段階のコーディングを行い、そのテーマと構成概念を紡いで、ストーリー・ラインを記述し、理論記述を行っていく。以下、調査対象者Ａ、Ｂ、Ｃの分析結果をそれぞれ示した後、３名の結果をまとめ、最後に考察を行う。

6-1　SCATの分析結果

Ａ、Ｂ、Ｃのインタビューデータをセグメント化した結果、Ａのデータは24に分割され、Ｂのデータは27に分割され、Ｃのデータは40に分割された。コーディングによって作成された理論記述の引用をもとに、Ａ、ＢおよびＣが、地域仏教寺院の関わる国際共修に参加することによって、ベトナム人仏教徒の信仰、外国人の人間関係、および外国人に対する日本人の意識についてどのような影響を受けているかを詳述する。記述中における傍線部は、ＳＣＡＴの「〈４〉テーマ・構成概念」を表し、〈　〉は分析で得られた理論記述の抜粋である。

6-1-1　調査対象者Ａの分析結果

〈来日前の寺院への高頻度の参拝習慣は、来日後、多忙な毎日による寺院参拝機会の喪失へと転じることとなる〉という理論記述から、来日によって仏教寺院への参拝習慣を失うことになっているが、〈所属教育機関との繋がりにより、仏教寺院への定期的な参拝習慣を得ることとなる〉や〈地域仏教寺院への定期的な参拝習慣により、母国を離れていても仏に会うことで得られる安心感を得られている〉という理論記述から、地域仏教寺院との繋がりができたことで、定期的に仏教寺院へ参拝に行けるようになり、Aが祖国のベトナムを離れても仏教信仰の継続の実感を得ていることが確認できた。また、〈日越仏教の信仰スタイルの違いの習得機会、地域寺院住職による日本仏教教授の機会も得られている〉という理論記述から、地域仏教寺院に参拝に行くことで、Y住職から日本仏教について学ぶ機会を得ているだけでなく、日越の信仰の違いについても学べていることが分かった。さらに、〈同郷人と気軽に集える祈りの場であり、故郷の寺院と雰囲気の近い御堂ができたことで高い頻度の参拝や心の安寧を得られている〉という理論記述のように、東南アジア様式の寺院が建てられたことで、故郷の雰囲気に近い寺院にベトナム人同士で気軽に参拝できるなど、信仰継続が容易になっていることが確認できた。

また、〈日本の習慣を教育機関で教わる機会の少なさや、外国人との接触に消極的な同僚日本人の価値観により、日本の職場における独特の文化を習得できずに、職場での人間関係構築の難しさを感じている〉という理論記述から、日本独特の文化に馴染めずに職場での人間関係構築に苦労していたが、〈寺院参拝者による日本の職場独特の文化の教授を受けることとなる〉、〈地域仏教寺院参拝者との交流で生まれた日本人との繋がりにより、待望の日本人との友人関係構築に対する歓喜の思いを得ることとなる〉、および〈寺院では、寺院関係者や日本人の参拝者の温かさに触れ、日本人に対するイメージの変容が起こるとともに、地域仏教寺院への参拝者との交流も生まれることとなる〉という理論記述から、地域仏教寺院で生まれた日本人参拝者との交流で、日本文化理解や、日本人の友人を得たことによって、日本人に対するイメージの変容に影響を受けていることが確認できた。

6-1-2　調査対象者Bの分析結果

〈御堂の仏像の開眼式では、仏教徒以外の人も含めた様々な国籍の人たちとのボランティア活動を通じた団結が生まれている〉や〈他宗教の人も参加する仏像や御堂の掃除等の協力により地域の外国人との良好な関係性の構築がなされている〉という理論記述から、国際共修の一部である吉塚御堂の運営によって、仏教徒の外国人だけでなく、多くの外国人同士の関係性が構築されていっていることが確認できた。日本人との関係については、〈言葉の壁から商店街で日本人と働く難しさを有する〉〈外国人差別やあからさまな嫌がらせから日本居住に対する難しさを抱く〉という理論記述のように、外国人が日本人との関係性構築をする上で日本語が障壁になっていたり、差別や嫌がらせを受けたりしていることが分かるが、〈高齢者の多い商店街で近隣の日本人との共助関係が生まれ、家族のように安心できる関係性の構築がなされている〉や、〈商店街の人の擁護で、家族のような安心感を抱く〉の理論記述のように、外国人と日本人がお互いに助け合うことで、親密な関係性が構築されていっていることが確認された。また、〈莫大な金銭援助を含め、外国人支援に励むプロジェクト代表に対する恩義を抱いている〉や〈外国人のことを心配してくれる存在である住職から永住に向けた支援や励ましを受けている〉という理論記述から、有力者Kからのプロジェクトに対する支援や地域仏教寺院のY住職が心配してくれることに対して感謝をしていることが分かる。

6-1-3 調査対象者Cの分析結果

〈外国料理店受入れへの反対者の存在や、地域住民に対する説明会や考えの異なる有力者への協力依頼などの際に、バラバラな意見を取りまとめる難しさを抱く〉や〈外国人居住者の多い地区であるにもかかわらず、日本語能力の低さで日本の規則が理解不可能であるとの誤解、外国人に対する差別や偏見や外国人への恐怖心や嫌悪感を抱く人が多い〉という理論記述から、地域住民は外国人商店受入れの賛成派と反対派に分かれているだけでなく、外国人に対する差別や偏見が存在していることが確認できた。しかし、〈商店街組合の団結、地域の日本人側の歩み寄り、外国人を仲間と見る認識変容の必要性を抱いている〉という理論記述のような課題がありながらも、〈集客数増加という共通の目標を叶えるためには、商店街組合員の商店街への誇りや地域商店街の魅力の再発見が地域再生の第一歩と考えている〉、〈商店街に対する地域住民の厳しい意見があり、決定権を有するキーパーソンの心を動かす地域住民の声を大事にしている〉、〈外国人と地域住民のコミュニケーション創出を意図し、地域住民と外国人との共生を図る仕掛けの考案をしている〉、および〈長期的な目標として捉える外国人住民の会議への参加の実現を果たしたいと思っている〉という理論記述のように、商店街の人たちの共通の目標を踏まえて、地域の外国人と日本人が自然に触れ合う場を仕掛けたり、有力者Ｘの支援を得るために住民の考えをヒアリングしたり、外国人を住民の会議に参加させられるように考案したりしていることが分かった。

また、〈地域仏教寺院の住職の、長年にわたって構築された地域住民との関係性と厚い信頼を基礎に、御堂の運営委員会立ち上げをしている〉、〈利益追求だけではないという信念が伝わって、住職の協力要請に対する受容が生まれている〉、および〈住職の誰に対しても寄り添う姿勢も相まって、プロジェクト反対派や外国人差別をする人の意識の変化が生じている〉という理論記述のように、地域仏教寺院のＹ住職がこれまで培ってきた信頼から、利益追求だけではない信念が地域住民に伝わったことで、反対派や外国人差別を行う人たちの意識に変化が生じてきていることが確認できた。

6-2　まとめ

以下では、これまでの分析結果を踏まえ、地域仏教寺院の関わる国際共修がベトナム人仏教徒の信仰、外国人同士の繋がり、日本人と外国人との繋がり、および外国人に対する日本人の意識について、どのような影響を与えているかを示していく。

6-2-1　ベトナム人仏教徒の信仰への影響

地域仏教寺院住職Yが長年行ってきた仏教徒外国人の信仰継続を目的とした活動により、Aは祖国のベトナムを離れても仏教の信仰を継続できるようになっている。さらに、Y住職のそのような活動が地域の信頼を生み東南アジア様式の寺院である吉塚御堂が建てられたことで、故郷の雰囲気に近い寺院にベトナム人同士で気軽に参拝できるようになるなど、Aの信仰継続が容易になっている。図6-1や図6-2は、吉塚御堂の様子である。

このことから、仏教徒ベトナム人は、来日によって仏教寺院への参拝習慣を失うことになっても、地域仏教寺院による外国人の信仰継続を目的とした活動によって、日本でも信仰が継続できる可能性のあることが示唆される。また、このような住職の長年の活動が地域の信頼を生み、地域における国際共修に外国人の信仰継続への視点が盛り込まれていく可能性もあると考えられる。

図6－1　吉塚御堂の様子（写真：Y住職提供）

図6－2　吉塚御堂の様子（写真：Y住職提供）

6-2-2　外国人の対人関係への影響

Aは、日本独特の文化に馴染めずに職場での人間関係構築に苦労していたが、地域仏教寺院を通じて生まれた日本人参拝者との交流で日本人の友人を得たことにより、日本人に対するイメージの変容に影響を受けている。また、Bは、地域仏教寺院の関わる吉塚御堂の運営に関わることによって、外国人同士で良好な関係性を構築していっている。また、日本人との関係性構築をする上で日本語が障壁になっていたり、差別や嫌がらせを受けたりしているが、外国人と日本人がお互いに助け合うことで、その点も払拭されていっており、日本人との親密な関係性構築の兆しが見られるようになっていっている。つまり、地域仏教寺院の関わる国際共修によって、外国人同士、そして外国人と日本人との関係性が創出されていっているのではないかと推論される。

予備調査でY住職が語っていたが、当寺院は、留学生の商店街シャッターアートを企画したり、寺院への外国人の参拝機会を作るなど、外国人仏教徒の信仰継続を目的とした活動や、外国人と地域住民の交流企画を継続的に行ってきたが、この継続的な活動がベースにあったからこそ、地域住民からの信頼を生み、吉塚商店街とともに「リトルアジアマーケット」という国際共修のプロジェクトが生まれて、外国人同士、そして外国人と日本人との関係性が創出され始めるに至ったと考えられる。図6-3と図6-4はリトルアジアマーケットの様子である。

図６－３　リトルアジアマーケットの様子（写真提供：Ｙ住職）

図６－４　リトルアジアマーケットの様子（写真提供：Ｙ住職）

6-2-3　外国人に対する日本人の意識への影響

Cは、集客数増加という商店街の共通の目標を踏まえて、外国人と日本人が自然に触れ合う場を仕掛けたり、有力者（＝「リトルアジアマーケット」代表であるK会長）の支援を得るために住民のニーズや考えをヒアリングしたり、外国人住民が会議に参加して外国人の商店街で対等の立場で発言をしたりしやすくするように考案したりしている。また、外国人商店受入れ反対派や、外国人に対する差別や偏見が存在している地域でも、地域仏教寺院のＹ住職がこれまで培ってきた信頼から、利益追求だけではない信念が地域住民に伝わったことで、反対派や外国人差別を行う人たちの意識に変化が生じて協力者が増えてきている。

このことから、国際共修に地域仏教寺院が関わることで、異文化接触理論で挙げられる「対等の地位」（＝外国住民の会議への参加）、「協力的な関係」（＝反対派の減少）、「共通の目標」（＝商店街の集客数増加）、「権威者の支援」（＝K会長の支援）という４つの条件が満たされていく可能性が示唆される。この国際共修によって、外国人と日本人の共助関係がさらに強化され、地域の外国人と日本人のコミュニティの異文化接触が有効的になっていくのではないかと考えられる。

6-3 考　察

次に上記のまとめの内容を踏まえて、先行研究や理論的枠組みをもとに、ベトナム人仏教徒の信仰、外国人と日本人の対人関係への影響について考察を行う。

6-3-1 ベトナム人仏教徒の信仰への影響

仏教徒のベトナム人はベトナム様式の仏教施設にこだわって日本の仏教寺院を利用しない傾向にある（野上 2010）ということであったが、第2研究同様に、地域仏教寺院が誰に対しても「寺を開く」という姿勢で長年にわたって地域とのつながりを継続的に大切にしながら公共性を発揮させてきた（＝「社会参加仏教（エンゲイジド・ブッディズム）」）ことで、地域の外国人とも関係性が生まれて、ベトナム人仏教徒が定期的に参拝して信仰を継続していけることに繋がっている。しかし、第2研究同様に、地域仏教寺院は厳密にはベトナム仏教寺院とは異なるという認識をベトナム人仏教徒が抱いていることが分かった。

その後、住職の長年の外国人仏教徒の信仰継続を目的とした活動や、地域の外国人を地域社会と繋げようとする活動が地域の信頼を生み、地域における国際共修プロジェクトが発足し、そのプロジェクトに外国人仏教徒の信仰継続への視点が盛り込まれていくに至っている。同じ信仰を共有しつつ異なる文化的背景を持つ宗教集団が同一組織内で築く「宗教組織内〈多文化共生〉」だと、外国人が信者以外に認知されづらいことが課題として挙げられている（白波瀬 2018）が、当寺院の活動は、地域社会を巻き込んで外国人と共存しようとする姿勢を長年続けてきた、つまり「宗教組織外〈多文化共生〉」を志向してきたことで、地域の日本人との繋がりを生むことに至り（白波瀬 2018）、外国人仏教徒のための御堂建立に繋がったと考えられる。当御堂はベトナム人同士で気軽な参拝ができ、故郷の雰囲気に近い環境での信仰が可能であるとベトナム人仏教徒は捉えているが、一時の安定や自己のエスニックアイデンティティ形成の場としても意義のあるものとなっている（川上 2001）と考えられる。

6-3-2　外国人と日本人の対人関係への影響

前述の通り、当寺院が外国人仏教徒の信仰継続を目的とした活動や、外国人と地域住民の交流企画を継続的に行ってきたが、この継続的な活動がベースにあったからこそ、地域住民からの信頼を生み、地域団体の吉塚商店街と連携する形で「リトルアジアマーケット」という国際共修のプロジェクトが生まれ、外国人同士、そして外国人と日本との関係性が創出されるに至ったことが確認できた。宗教組織は同質性から「結束型」の社会関係資本を形成しやすい（白波瀬 2018; 永田 2018）が、多文化共生の活動を地域社会に開き、市民社会と連携することによって、

「宗教組織内〈多文化共生〉」の実践を「宗教組織外〈多文化共生〉」に接続させた結果、多様なメンバーを結びつける「橋渡し型」の社会関係資本が形成しやすい（白波瀬 2018; 永田 2018）環境を整えていったと考えられる。

この国際共修プロジェクトを異文化接触理論の観点から捉えると、商店街の関係者が「集客増」という共通の目標を持っている点、外国人と日本人が自然に触れ合う場が数多く仕掛けられている点、有力者の支援を得ている点については、非常に有効性が高い。一方で、外国人に接した経験が少ない地域住民には国際共修で抵抗感が生じており（島崎 2017）、プロジェクト開始時に存在していた外国人商店受入れ反対派や、外国人に対する差別や偏見が完全に払拭されているわけではないことが課題として残っている。ただし、直接的な接触を躊躇する地域住民の異文化接触を間接的に仕掛けている（＝「仕掛学」（松村 2016））ことは多文化共生を図る上で重要な視点であり（松永 2020）、地域住民と外国人の両サイドに慣れた住職が仲介者として介在する（＝「拡張接触」（Wright, Aron, McLaghlin-Volpe, & Ropp 1997））形で国際共修が進み（島崎 2017）、さらに地域仏教寺院の住職のこれまで培ってきた地域での信頼をベースに、利益追求だけではない信念が地域住民に伝わったことで、反対派や外国人差別を行う人たちの意識に変化が生じてきていることが確認された。そのため、国際共修に地域仏教寺院が関わることで、異文化接触理論の視点から、「対等の地位」、「協力的な関係」、「共通の目標」、「権威者の支援」という4つの条件が満たされていく可能性が示唆される。この国際共修によって、外国人と日本人の共助関係がさらに強化され、地域の外国人と日本人のコミュニティの異文化接触が有効的になっていくことが考えられる。地域仏教寺院が地域の国際共修に関わることで、地域の外国人と日本人との関係性構築に対して潤滑油ともいうべき役割を果たすとともに、外国人の心理的安定につながる役割を果たす可能性があると言える。

第7章

結論

本章では、第4章から6章にかけて述べた本研究の課題についての分析結果を示した後、総合考察を行う。まず、第4章で扱った第1研究（調査①、調査②）の「仏教徒ベトナム人技能実習生の心の拠り所はどのようであるか」についての分析結果を示し、次に第5章で扱った第2研究「地域仏教寺院の主宰するベトナム法要はベトナム人仏教徒の信仰にどのような影響を与えるか」についての分析結果を示した後、第6章で扱った第3研究の「地域仏教寺院の関わる国際共修はベトナム人仏教徒の信仰や対人関係にどのような影響を与えるか」についての分析結果を示す。その上で、第1研究、第2研究、第3研究の総合考察を行った後、結論を述べる。また、本研究で課題として残された点については、今後の課題として述べる。

第1研究は、非集住地域の仏教徒ベトナム人技能実習生の心の拠り所（信仰を含む）を捉えることを目的として行っている。地域日本語教室を調査地として、仏教徒ベトナム人技能実習生に対して、質的および量的な調査（調査①および調査②）を実施した。調査①では、ベトナム人元技能実習生3名、ベトナム人技能実習生10名に対して、半構造化インタビューを実施し、M-GTAを用いて分析した。調査②の調査対象者2名は、調査①の調査対象者から選出している。分析方法は、PAC分析を用いた。

第2研究は、地域仏教寺院の主宰するベトナム法要への参加はベトナム人仏教徒の信仰、ベトナム人同士の繋がり、および日本人との繋がりにどのような影響を与えるかを明らかにすることを目的として行っている。調査対象は、この法要に参加経験のあるベトナム人大学生1名とベトナム人元技能実習生2名である。半構造化インタビューを行い、SCATを用いて分析している。

第3研究は、地域仏教寺院の関わる国際共修は外国人仏教徒の信仰、外国人同士の繋がり、日本人との繋がり、および日本人の外国人に対する意識にどのような影響を与えるかを明らかにすることを目的として行った。調査対象者は、ベトナム人仏教徒1名、国際共修参加メンバーの外国人1名および日本人1名である。半構造化インタビューを実施し、SCATを用いて分析している。

7-1　結果の要約

ここでは、第4章から第6章にかけて述べた第1研究（調査①および調査②）、第2研究、第3研究の課題についての分析結果をそれぞれ示していく。

7-1-1　第1研究の結果の要約

（1）調査①

調査対象としたベトナム人技能実習生は、精神的にきつい業務内容を会社でこなしながら、日本語が通じない辛さなどを日々感じている。また、故郷を恋しく思うが、親を心配させないように辛い現実を話すことができずに苦しい日々を送っていることが分かった。

将来のために日本語を学べる唯一の場である日本語教室では、同郷のクラスメイトとの時間を楽しんでいる。また、熱心に日本語を教えてくれる日本語講師は、何でも話せて家族のように安心できる存在であるとも思われている。ベトナム料理を楽しんだり、ＳＮＳでベトナムの状況を知ったりすることで故郷との繋がりを持ち、心を落ち着かせていることが分かった。

仏教の信仰としては、ベトナム寺院のない現実に日本で直面して寂しさを感じている。自宅などで心の中で祈るしかないと割り切って信仰活動を行いつつ、ベトナム寺院の存在を望んでいる。また、代替としての日本の地域仏教寺院に興味を示すものの、理解者としてのベトナム人僧侶の必要性を感じていることが明らかとなった。

⑵ 調査②

心の拠り所を必要とする要因としては、以下の通りである。まず、職場や寮生活での人間関係構築の難しさを感じていることが分かった。次いで、家族と離れた寂しさや、家族に迷惑をかけないようにするため、辛い現実を家族に話せない辛さを抱いていることが分かった。

心の拠り所と考えられることとしては、以下の通りである。まず、職場の同僚の存在や、同僚からの信用を得ている実感である。実習期間の多くを費やす職場で安心感を得る上で重要であることが分かった。次いで、日本語の学習である。辛さを忘れ将来を見据えて前向きな気持ちで取り組める日本語学習自体に安らぎを求めていたようである。そして、日本語講師の存在である。連想項目の重要順や連想項目で関連する項目が複数挙がっているところから、心の拠り所の1つになっていることが分かった。

仏教の信仰については、家族には心配をかけられないから、辛い時には仏教寺院に行って仏と対話したり母親の病気が早く治るように祈ったりしたと語っていたように、自身の心の負担を減らすために信仰をしており、仏教の信仰は精神面の安定において重要な要素となっていると考えられる。また、ベトナム寺院に通えないのは寂しいと語る一方で、地域仏教寺院を代替の場として捉える視点を有していることも分かった。

7-1-2　第2研究の結果の要約

調査対象としたベトナム人仏教徒は、地域仏教寺院の主催するベトナム仏教法要に参加することを通じて、その後納得した信仰生活を送ることができるようになっていることが分かった。また、地域仏教寺院への参拝に躊躇していたが、法要への参加を通じて信仰の機会を得た喜びを得ている。また、厳密にはベトナム寺院とは異なるものの、それまで抱いていた近寄りづらいイメージが変わり、地域仏教寺院を信仰継続の場の一つとして捉えるようになっていることが分かった。

ベトナム人仏教徒は、地域仏教寺院の主宰するベトナム仏教法要への参加を通じて、同郷であるベトナム人同士の繋がりが創出されたり、共助関係が生まれるなど、苦悩を共有する場を得ることができるようになっていることが分かった。また、この法要への参加を通じて、日本人との良好な関係性が構築され、日本に対するイメージが向上したりしている。このように、法要参加をきっかけとして、日本人との繋がりを強めることができるようになっていることが明らかとなったが、仏教を通じた交流のみであり、必ずしも信仰を超えたホスト社会との関係構築に至っているとまでは言えない。ただし、元々この法要はベトナム人仏教徒に信仰の場を提供するということが目的であり、地域の日本人との関係構築についてデザインされているわけではないということも添えておく。

7-1-3　第3研究の結果の要約

調査対象とした仏教徒ベトナム人は、来日によって仏教寺院への参拝習慣を失うことになっても、地域仏教寺院による外国人の信仰継続を目的とした活動によって、日本でも信仰が継続できる可能性のあることが分かった。また、このような住職の長年の活動が地域の信頼を生み、地域における国際共修に外国人の信仰継続への視点が盛り込まれていく可能性もあると考えられる。

また、外国人商店受入れ反対派や、外国人に対する差別や偏見が存在していても、地域仏教寺院の培ってきた地域での信頼によって、利益追求だけではない信念が地域住民に伝わることで、反対派や外国人差別を行う人たちの意識に変化が生じることが示唆された。このように、国際共修を通じて、外国人と日本人がお互いに助け合うことで、日本人との親密な関係性が構築できる可能性のあることが明らかとなった。

7-2　総合考察

ここでは、第1研究、第2研究、第3研究の調査結果について、先行研究や理論的枠組みと関連させながら考察を行っていく。

7-2-1　第1研究の考察

(1) ベトナム人技能実習生の地域での心の拠り所について

ベトナム人技能実習生たちの会社での現状について、精神的に辛い日々を過ごしているため失踪する実習生がいたという内容は先行研究でも明らかになっている（グェン 2013; 加藤 2019）が、本書でも示すことができた。そのような日々の不安や悩みや慣れない職場のストレスは、ベトナム人技能実習生を苦しめ、心の拠り所を求める要因となっているのだろう。

ベトナム人技能実習生の中にはキャリアアップを図るために高い日本語能力を身につけようという動機を持って地域日本語教室へ通う人がいることは先行研究でも明らかとなっている

（落合 2010: 中川ほか 2018）が、今回の調査でも同様に示すことができた。日本語教室に通えたとしても仕事で日本語を使う機会が少ないなどの理由で学習継続は容易ではない（落合 2010: グェン 2013: 中川ほか 2018: 樋口 2019）ものの、日本語学習を継続することで夢が膨らみ、それを心の支えにして生活していると考えられる。支援者や学習者同士の交流で日本語教室が学習者にとって安心できる場所になり得ると考えられている点（山辺 2011: 佐藤ほか 2018: 樋口 2021）はこの調査でも確認できた。

地域日本語教室は支援者を軸として地域住民と学習者が繋がる存在である（山辺 2011: 佐藤ほか 2018）が、主な交流相手は日本語講師の支援者に限られる可能性がある。この日本語教室における異文化交流を接触仮説理論の観点から捉えると、接触仮説の4つの条件（対等の地位、協力的な関係、共通の目標、制度的あるいは権威者の支援）のうち、支援者を交流相手と見た時に、必ずしも対等の地位の関係性が構築されているとはいえない。日本語教室における多文化共生の実現化という意味では、支援者と学習者の「教える・教えられる」の関係性からの脱却が必要とされるのではないだろうか（山辺 2011: 樋口 2021）。

（2）ベトナム人技能実習生の仏教の信仰について

今回の調査では仏教徒ベトナム人技能実習生について、来日前に定期的にベトナム寺院に参拝して仏前で祈りを捧げるのが習慣化されていた分、ベトナム寺院のない現実に直面して寺院に行けない寂しさを感じていることが分かった。また、ベトナム人はベトナム様式の仏教施設にこだわって日本の仏教寺院を利用しない傾向にあること（野上 2010）や、近隣にベトナム寺院があるわけではないために個別に自宅で宗教的な生活を送る人もいること（川上 2001）についても、今回の調査で確認することができた。

また、ベトナム人技能実習生たちが日本語教室のない平日に故郷との繋がりを求めていることが今回の調査で分かったが、ベトナム寺院が信仰継続だけではなく自己の家族や祖国との繋がりの確認、また一時の安定や自己のエスニックアイデンティティ形成の場になっていること（川上 2001）を踏まえると、近隣にベトナム寺院があることが望ましいと考えられる。

非集住地域のベトナム人技能実習生がベトナム寺院の代替として日本の地域仏教寺院に興味を示す可能性があることを今回の調査で示すことができたが、家族との関係が基軸になり、異国で家族との関係を思い出す時のコンテクストで信仰がある面を踏まえ、一緒に祈る共同の場なくして一人で孤独に信仰を行わねばならない現状のベトナム人の心の空洞を満たすという意味でも、地域仏教寺院がベトナム寺院の代替となりうるかどうかについて、技能実習生だけではなくその他の属性のベトナム人にも協力を得た上で明らかにする必要がある。

7-2-2　第2研究の考察

（1）ベトナム人仏教徒の信仰について

　非集住地域のベトナム人仏教徒は地域仏教寺院の主催するベトナム仏教法要に参加することを通じて、信仰の場は限定的であるものの（戸田 2001）、それぞれ納得した信仰生活を送ることができるようになっていることが確認できた。宗教実践が自己の家族や祖国との繋がりの確認、また一時の安定や自己のエスニックアイデンティティ形成の場を求めて行われる（川上 2001）ことを踏まえると、先祖崇拝を目的とした日本の盂蘭盆にあたるブーランの仏教行事に参加できたことは信仰だけにとどまらない意義があると考えられる。

　地域仏教寺院はベトナム寺院と同様に阿弥陀仏を本尊とする浄土教系ではある（ミン・チー 1995）が、厳密にはベトナム寺院とは異なるという認識をベトナム人の参拝者は抱いていたことが確認できている。仏教徒のベトナム人はベトナム様式の仏教施設にこだわって日本の仏教寺院を利用しない傾向にある（野上 2010）ということであったが、この法要への参加によって地域仏教寺院の近寄りづらいイメージも払拭され、地域仏教寺院が信仰継続の場の一つとして捉えられるきっかけになっていることが窺えた。独自のベトナム寺院の建立を希望する（野上 2010）可能性は確認されたが、習慣の大きく異なる日本の仏教団体を通じた宗教活動に抵抗感を抱いた（野上 2010）ことがその動機に繋がっていない点は先行研究と異なっている。ベトナム人仏教徒にとって、宗教的なリーダーは宗教的実践で極めて重要である（川上 2001）が、今回の調査で「僧侶はベトナム人に限る必要はない」という発言があったように、リーダー像の認識についても影響が見られる可能性が確認できた。

(2) ベトナム人仏教徒の対人関係への影響について

このベトナム仏教法要について、参加者の組織の分類としては、地域仏教寺院で実施しているとはいえほとんど全員がベトナム人仏教徒であるため、特定のエスニシティの信者に独占されている「モノエスニックな宗教組織」（白波瀬 2016; 白波瀬・高橋 2018）にあたると考えられる。そのため、この法要はベトナム寺院の擬似的な空間であると捉えられ、この宗教実践は自己の家族や祖国との繋がりの確認、また一時の安定や自己のエスニックアイデンティティ形成の場（川上 2001）になったことで、ベトナム人同士の関係性が創出されるとともに、強固なものになっていったと考えられる。

これらのことから、地域仏教寺院には、同質な者同士を結びつける結束型の社会関係資本としての特徴があり、地域社会の多文化共生の実現化において、外国人仏教徒の心理的安定につながる役割を果たす可能性があると言える。宗教組織は同質性から「結束型」の社会関係資本を形成しやすい（白波瀬 2018; 永田 2018）という点をこの調査でも確認することができた。

当寺院におけるベトナム人と日本人との関係性の構築を捉えるために、法要における異文化交流を接触仮説理論の観点から捉えていく。接触仮説の４つの条件（対等の地位、協力的な関係、共通の目標、制度的あるいは権威者の支援）のうち、協働で法要を作り上げているということから協力的な関係性や共通の目標は確保されて、住職という権威者の存在も確保されている。一方で、関わる日本人が基本的に寺院関係者であることを踏まえると、必ずしも日本人と外国人の対等な関係性が構築されているとは言えない。ただし、元々この法要はベトナム人仏教徒に信仰の場を提供するということが目的であり、地域の日本人との関係構築についてはデザインされているわけではないということも添えておく。

7-2-3　第3研究の考察

(1) ベトナム人仏教徒の信仰への影響について

仏教徒のベトナム人はベトナム様式の仏教施設にこだわって日本の仏教寺院を利用しない傾向にある（野上 2010）ということであったが、第2研究同様に、地域仏教寺院が誰に対しても「寺を開く」という姿勢で長年にわたって地域との繋がりを継続的に大切にしながら公共性を発揮させてきた（＝「社会参加仏教（エンゲイジド・ブッディズム）」）ことで、地域の外国人とも関係性が生まれて、ベトナム人仏教徒が定期的に参拝して信仰を継続していけることに繋がっている。しかし、第2研究同様に、地域仏教寺院は厳密にはベトナム仏教寺院とは異なるという認識をベトナム人仏教徒が抱いていることが分かった。

同じ信仰を共有しつつ異なる文化的背景を持つ宗教集団が同一組織内で築く「宗教組織内

〈多文化共生〉」だと、外国人が信者以外に認知されづらいことが課題として挙げられている（白波瀬 2018）が、当寺院の活動は、地域社会を巻き込んで外国人と共存しようとする姿勢を長年続けてきた（＝「社会参加仏教（エンゲイジド・ブッディズム）」）、つまり「宗教組織外〈多文化共生〉」を志向してきたことで、地域の日本人との繋がりを生むことに至り（白波瀬 2018）、外国人仏教徒のための御堂建立に繋がったと考えられる。東南アジア様式の御堂は、ベトナム人同士で気軽な参拝ができ故郷の雰囲気に近い環境での信仰が可能であるとベトナム人仏教徒は捉えているが、一時の安定や自己のエスニックアイデンティティ形成の場としても意義のあるものとなっている（川上 2001）と考えられる。

⑵ 外国人の対人関係への影響について

地域仏教寺院が外国人仏教徒の信仰継続を目的とした活動や、外国人と地域住民の交流企画を継続的に行ってきたことがベースになって国際共修のプロジェクトが生まれ、外国人同士、そして外国人と日本との関係性が創出されるに至ったことが確認できた。宗教組織は同質性から「結束型」の社会関係資本を形成しやすい（白波瀬 2018; 永田 2018）が、多文化共生の活動を地域社会に開き、市民社会と連携することによって、「宗教組織内〈多文化共生〉」の実践を「宗教組織外〈多文化共生〉」に接続させた結果、多様なメンバーを結びつける「橋渡し型」の社会関係資本が形成されやすい（白波瀬 2018; 永田 2018）環境が整えられていったと考えられる。

この国際共修プロジェクトを異文化接触理論の観点から捉えると、商店街の関係者が「集客増」という共通の目標を持っている点、外国人と日本人が自然に触れ合う場が数多く仕掛けられている点、有力者の支援を得ている点については、非常に有効性が高い。一方で、外国人に接した経験が少ない地域住民には国際共修で抵抗感が生じており（島崎 2017）、プロジェクト開始時に存在していた外国人商店受入れ反対派や、外国人に対する差別や偏見が完全に払拭されているわけではないことが課題として残っている。ただし、直接的な接触を躊躇する地域住民のために間接的な異文化接触が仕掛けられている（＝「仕掛学」（松村 2016））ことは多文化共生を図る上で重要な視点であり（松永 2020）、地域住民と外国人の両サイドに慣れた住職が仲介者として介在する（＝「拡張接触」（Wright, Aron, McLaghlin-Volpe, & Ropp 1997））形で国際共修が進み（島崎 2017）、さらに地域仏教寺院の住職のこれまで培ってきた地域での信頼をベースに、利益追求だけではない信念が地域住民に伝わったことで、反対派や外国人差別を行う人たちの意識に変化が生じてきていることが確認された。そのため、国際共修に地域仏教寺院が関わることで、異文化接触理論の視点から、「対等の地位」、「協力的な関係」、「共通の目標」、「権威者の支援」という4つの条件が満たされていく可能性が示唆される。

この国際共修によって、外国人と日本人の共助関係がさらに強化され、地域の外国人と日本人のコミュニティの異文化接触が有効になっていくことが考えられる。地域仏教寺院が地域の国際共修に関わることで、地域の外国人と日本人との関係性構築に対して潤滑油ともいうべき役割を果たすとともに、外国人の心理的安定につながる役割を果たす可能性があると言える。

7-3　結　論

本研究の目的は、日本における外国人仏教徒との多文化共生の実現に向けて、地域日本語教室の活動、地域仏教寺院による外国人仏教徒の信仰継続を目的とした活動や地域住民との国際共修の実態を明らかにすることであったが、本研究の結論は以下の通りである。

ベトナム人技能実習生たちは、精神的に辛い日々を過ごし、その日々の不安やストレスが、心の拠り所を求める要因となっている。地域での心の拠り所は、主に日本語教室での交流や学習である。一方で、外国人のライフラインともいうべき地域日本語教室であっても、地域社会での多文化共生を目的とした異文化交流には限界があることが示された。

技能実習生をはじめとするベトナム人仏教徒は、非集住地域で孤独を抱き信仰の場の不足を感じているが、その不足や限界を補うのが社会関係資本を有する地域仏教寺院であることが分かった。つまり、地域仏教寺院主催のベトナム仏教の法要後には、地域仏教寺院の近寄り難いイメージが払拭され、地域仏教寺院は信仰継続の場の一つとして捉えられるようになる。また、地域仏教寺院は「結束型」の社会関係資本を有しているため、ベトナム人同士の関係性を創出し心理的安定につなげる役割を果たしていることが示唆された。

さらに、地域仏教寺院が地域住民とともに国際共修を行うことで、外国人と日本人の共助関係がさらに強化され、多様なメンバーを結びつける「橋渡し型」の社会関係資本が形成されやすくなる。地域の外国人と日本人との関係性を構築させることで、外国人の心理的安定につながる役割を果たしていることが確認された。

すなわち、とりわけ非集住地域で外国人仏教徒が安心して生活していく上で、地域仏教寺院（＝お寺）の積極的な参画には一定の意義があると考えられる。

7-4　今後の課題

福岡市の国際共修プロジェクトについては始まったばかりであり、この地域仏教寺院の関わる国際共修が外国人仏教徒の信仰継続や対人関係にどのような影響を与えるのかを今後も継続して調査を実施していく。地域仏教寺院主催のベトナム仏教法要については、実践する地域仏教寺院が増加しているため、調査地や対象者を拡大し、量的調査も加え、この法要がベトナム人仏教徒の信仰継続と対人関係にどのような影響を与えるのかについて継続的な分析を行っていく。

また、日本の多文化共生の現状は概観する限り一筋縄ではいかない上に、さらに外国人受入れが拡大されていくと、外国人仏教徒との共生に対する更なる工夫が求められる。今後は母国

（ベトナムなど）や日本以外の移住先（＝欧州や豪州など）に居住する仏教徒や寺院も比較対象とするとともに、他分野の研究者とも連携をしながら多角的に研究を行っていきたいと思っている。

参考文献

Allport, G. W. (1954). *The nature of prejudice*, Cambridge, MA: Addison-Wesley.〔オルポート、G. W.／原谷達夫・野村昭共訳（1961）『偏見の心理』培風館〕

Arrow, K. J. (2000). Observations on Social Capital. *Social capital: A multifaceted perspective*, 6: 3-5.

Dasgupta, N. (2013). Implicit attitudes and beliefs adapt to situations: A decade of research on the malleability of implicit prejudice, stereotypes, and the self-concept. *Advances in Experimental Social Psychology*. 47: 233-279.

Foner, N., & Alba, R. (2008). Immigrant Religion in the U.S. and Western Europe: Bridge or Barrier to Inclusion? *International Migration Review* 42 (2): 360-392.

Lincoln, Y. S., & Denzin, N. K. (Eds.). (2000). *The handbook of qualitative research*. Sage.〔デンジン、N. K. & リンカン、Y. S. 編／平山満義監訳、岡野一郎・古賀正義編訳（2006）『質的研究ハンドブック　1巻―質的研究のパラダイムと眺望―』北大路書房〕

Patchen, M. (1999). *Diversity and unity: Relations between racial and ethnic groups*. Chicago: Nelson-Hall Publishers.

Potter, J. (1996). *Representing reality: Discourse, rhetoric and social construction*. London: Sage.

Putnam, R. D. (1993). *Making democracy work*, Princeton University Press.

Tausch, N., & Hewstone, M. (2010) Intergroup contact. In J. F. Dovidio, M. Hewstone, P. Glick, & V. M. Esses, (Eds.), *The Sage handbook of prejudice and stereotyping and discrimination* (pp. 544-560).

London: Sage.

Worchel, S., Andreoli, V. A., & Folger, R. (1977). Intergroup cooperation and intergroup attraction: The effect of previous interaction and outcome of combined effort. *Journal of Experimental Social Psychology*, 13: 131-140.

Wright, S. C., Aron, A. McLaughlin-Volpe, T., & Ropp, S. A. (1997). The extended contact effect: Knowledge of cross-group friendship and prejudice. *Journal of Personality and Social Psychology*. 73 (1): 73-90.

阿満利麿（2003）『社会をつくる仏教—エンゲイジド・ブッディズム—』人文書院

池上知子（2014）「差別・偏見研究の変遷と新たな展開—悲劇論から楽観論へ—」『教育心理学年報』53（0）、133–146頁

稲場圭信（2009）「宗教的利他主義・社会貢献の可能性」第2章、稲場圭信・櫻井義秀編『社会貢献する宗教』世界思想社

稲葉陽二（2008）「[解説]ソーシャル・キャピタルの苗床としてのコミュニティ」稲葉陽二編『ソーシャル・キャピタルの潜在力』日本評論社

稲葉陽二（2011）『ソーシャル・キャピタル入門—孤立から絆へ—』中公新書

伊東祐郎（2011）「（特集）地域における日本語教育の展望—日本語教育の総合的推進を目指して—」『文化庁月報』8月号、No. 515〈https://www.bunka.go.jp/pr/publish/bunkachou_geppou/2011_08/special/special_02.html（2020年12月12日閲覧）〉

猪瀬優理（2015）「関係基盤としての寺院—社会関係資本論の視点をどう活かすか—」『龍谷大学社会学部紀要』46、87–99頁

太田裕子（2019）『はじめて「質的研究」を「書く」あなたへ―研究計画から論文作成まで―』東京図書
大谷栄一（2012）「［総論］宗教は地域社会をつくることができるのか？」大谷栄一・藤本頼生編『地域社会をつくる宗教』明石書店
大谷栄一（2019）「はじめに」第1章、大谷栄一編『ともに生きる仏教―お寺の社会活動最前線―』ちくま新書
大谷尚（2019）『質的研究の考え方―研究方法論からSCATによる分析まで―』名古屋大学出版会
荻翔一（2018）「高齢化問題に取り組む韓国系キリスト教会―大阪市・在日コリアン集住地域を事例に―」第5章、高橋典史・白波瀬達也・星野壮編著（2018）『現代日本の宗教と多文化共生―移民と地域社会の関係性を探る―』明石書店
荻野剛史（2013）『「ベトナム難民」の「定住化」プロセス―「ベトナム難民」と「重要な他者」とのかかわりに焦点化して―』明石書店
落合美佐子（2010）「外国人研修生・技能実習生の生活実態と意識―語りの中から見えてくるもの―」『群馬大学国際教育・研究センター論集』9、51-68頁
梶田孝道・丹野清人・樋口直人（2005）『顔の見えない定住化―日系ブラジル人と国家・市場・移民ネットワーク―』名古屋大学出版会
加藤丈太郎（2019）「ベトナム人非正規滞在者・留学生・技能実習生へのケーススタディ―ベトナム人を「合法」と「不法」に分かつのは何か―」*Journal of the Graduate School of Asia-Pacific Studies*. 38: 35-53
川上郁雄（2001）『越境する家族―在日ベトナム系住民の生活世界―』明石書店
上林千恵子（2015）『外国人労働者受け入れと日本社会―技能実習制度の展開とジレンマ―』東京大学出版

会

北澤直宏（2015）「ベトナムの政教関係―戦争と社会主義の下で」第12章、櫻井義秀ほか編『現代宗教文化研究叢書5　アジアの社会参加仏教―政教関係の視座から―』北海道大学出版会

木下康仁（2003）『グラウンデッド・セオリー・アプローチの実践―質的研究への誘い―』弘文堂

グェン・ティ・ホアン・サー（2013）「日本の外国人研修制度・技能実習制度とベトナム人研修生」『佛教大学大学院紀要』41、19-34頁

倉地曉美編・縫部義憲監修（2006）『講座・日本語教育学　第5巻　多文化間の教育と近接領域』スリーエーネットワーク

経済産業省（2020）「令和2年度予算「商店街活性化・観光消費創出事業」採択事業一覧」https://www.chusho.meti.go.jp/shogyo/shogyo/2020/200903kankou_01.pdf（2025年2月15日閲覧）

厚生労働省（2015）「『外国人雇用状況』の届け出状況まとめ」〈https://www.mhlw.go.jp/file/04-Houdouhappyou-11655000-Shokugyouanteikyokuhakenyukiroudoutaisakubu-Gaikokujinkoyoutaisakuka/0000072419.pdf（２０２４年10月１日閲覧）〉

厚生労働省（2016）「『外国人雇用状況』の届け出状況まとめ」〈https://www.mhlw.go.jp/file/04-Houdouhappyou-11655000-Shokugyouanteikyokuhakenyukiroudoutaisakubu-Gaikokujinkoyoutaisakuka/0000110233.pdf（２０２４年10月１日閲覧）〉

厚生労働省（2017）「『外国人雇用状況』の届け出状況まとめ」〈https://www.mhlw.go.jp/file/04-Houdouhappyou-11655000-Shokugyouanteikyokuhakenyukiroudoutaisakubu-Gaikokujinkoyoutaisakuka/546174.pdf（２０２４年10月１日閲覧）〉

厚生労働省（2018）「『外国人雇用状況』の届け出状況まとめ」〈https://www.mhlw.go.jp/file/04-

Houdouhappyou-11655000-Shokugyouanteikyokuhakenyukiroudoutaisakubu-Gaikokujinkoyoutaisakuka/7584p57g.pdf（２０２４年10月１日閲覧）〉
厚生労働省（2019）「『外国人雇用状況』の届け出状況まとめ」〈https://www.mhlw.go.jp/content/11655000/000472892.pdf（２０２４年10月１日閲覧）〉
厚生労働省（2020）「『外国人雇用状況』の届け出状況まとめ」〈https://www.mhlw.go.jp/content/11655000/000590310.pdf（２０２４年10月１日閲覧）〉
厚生労働省（2021）「『外国人雇用状況』の届け出状況まとめ」〈https://www.mhlw.go.jp/content/11655000/000729116.pdf（２０２４年10月１日閲覧）〉
厚生労働省（2022）「『外国人雇用状況』の届け出状況まとめ」〈https://www.mhlw.go.jp/content/11655000/000887554.pdf（２０２４年10月１日閲覧）〉
厚生労働省（2023）「『外国人雇用状況』の届け出状況まとめ」〈https://www.mhlw.go.jp/content/11601000/001079172.pdf（２０２４年10月１日閲覧）〉
厚生労働省（2024）「『外国人雇用状況』の届け出状況まとめ」〈https://www.mhlw.go.jp/content/11655000/001195787.pdf（２０２４年10月１日閲覧）〉
駒井洋（2006）『グローバル化時代の日本型多文化共生社会』明石書店
小松加代子（2014）「宗教は人々の絆をつくりあげるのか―ソーシャル・キャピタル論とジェンダーの視点から―」『紀要（多摩大学グローバルスタディーズ学部グローバルスタディーズ学科）』6、61-74頁
齋藤純一（2000）『公共性』岩波書店
櫻井義秀（2016）「人口減少社会における心のあり方と宗教の役割」第1章、櫻井義秀・川又俊則編『人口減少社会と寺院―ソーシャル・キャピタルの視座から―』法藏館

佐藤悦子・李仁子・佐藤寛貴（2018）「東北地方における地域日本語教室に関する文化人類学的考察―日本人支援者の視点をもとに―」『東北大学大学院教育学研究科研究年報』66（2）、1-16頁
佐藤郡衛（2003）『国際化と教育―異文化間教育学の視点から―』放送大学教育振興会
佐藤勢紀子（2019）「留学生教育から派生した国際共修」末松和子・秋庭裕子・米澤由香子編著『国際共修―文化的多様性を生かした授業実践へのアプローチ―』142-161頁
塩原良和（2012）『共に生きる―多民族・多文化社会における対話―』弘文堂
島崎薫（2017）「地域住民との国際共修―留学生のアイデンティティの変化に着目して―」『東北大学高度教養教育・学生支援機構紀要』3、227-237頁
島崎薫（2019）「地域社会との連携で行う国際共修」第9章、末松和子・秋庭裕子・米澤由香子編著『国際共修―文化的多様性を生かした授業実践へのアプローチ―』東信堂
島薗進（2014）「現代日本の宗教と公共性―国家神道復興と宗教団体の公共空間への参与―」第10章、島薗進・磯前順一編『宗教と公共空間―見直される宗教の役割―』東京大学出版会
白波瀬達也（2016）「多文化共生の担い手としてのカトリック―移民支援の重層性に着目して―」関西学院大学キリスト教と文化研究センター編『現代文化とキリスト教』キリスト新聞社、99-133頁
白波瀬達也（2018）「カトリックにおける重層的な移民支援」第1章、高橋典史・白波瀬達也・星野壮編著『現代日本の宗教と多文化共生―移民と地域社会の関係性を探る―』明石書店
白波瀬達也・高橋典史（2012）「日本におけるカトリック教会とニューカマー―カトリック浜松教会における外国人支援を事例に―」第2章、三木英・櫻井義秀編著『日本に生きる移民たちの宗教生活―ニューカマーのもたらす宗教多元化―』ミネルヴァ書房
白波瀬達也・高橋典史（2018）「『宗教と多文化共生』研究が目指すもの」序章、高橋典史・白波瀬達也・星

野壮編著『現代日本の宗教と多文化共生―移民と地域社会の関係性を探る―』明石書店
末松和子（2019）「はじめに」末松和子・秋庭裕子・米澤由香子編者『国際共修―文化的多様を生かした授業実践へのアプローチ―』東信堂
鈴木大拙（1972）『日本的霊性』岩波文庫
宋弘揚（2017）「中国人技能実習生とホスト社会との接点―石川県白山市と加賀市を事例に―」『地理科学』72（1）、19‐33頁
総務省（2006）「多文化共生の推進に関する研究会報告書」〈https://www.soumu.go.jp/main_content/000539195.pdf（2020年12月12日閲覧）〉
戴エイカ（2003）「「多文化共生」とその可能性」『人権問題研究所』3、41‐52頁
大正大学地域構想研究所・BSR推進センター（2021）『第64号　寺院のこれからの在り方を考える　地域寺院』大正大学出版会
高木廣文（2007）『HALBAU7によるデータ解析』シミック
高橋典史（2015）「現代日本の『多文化共生』と宗教―今後に向けた研究動向の検討―」『東洋大学社会学部紀要』52（2）、73‐85頁
高橋典史（2018）「日本におけるインドシナ難民の地域定住と宗教の関わり―ベトナム難民の事例を中心に」第3章、高橋典史・白波瀬達也・星野壮編著『現代日本の宗教と多文化共生―移民と地域社会の関係性を探る―』明石書店
竹沢泰子（2009）「序―多文化共生の現状と課題」〈特集〉多文化共生と文化人類学）『文化人類学』74（1）、86‐95頁
竹村牧男（2015）「日本人の宗教生活と仏教」『国際井上円了研究』3、133‐144頁

田村太郎ほか（2007）『多文化共生に関する現状およびＪＩＣＡでの取り組み状況にかかわる基礎分析』独立行政法人国際協力機構国際協力総合研修所
丹野清人（2024）「『外国人技能実習制度』は廃止されたのか？―育成就労制度との接続から考える―」『労働法律旬報』２０５３、17-21頁
坪井善明編（1995）『暮らしがわかるアジア読本　ヴェトナム』河出書房新社
徳島労働局（2020）「徳島県における『外国人雇用状況』の届出状況のまとめ」〈https://jsite.mhlw.go.jp/tokushima-roudoukyoku/newpage_00318.html（２０２１年３月26日閲覧）〉
徳田剛（2018）「地域政策理念としての『多文化共生』と宗教セクターの役割」第９章、高橋典史・白波瀬達也・星野壮編著『現代日本の宗教と多文化共生―移民と地域社会の関係性を探る―』明石書店
戸田佳子（2001）『日本のベトナム人コミュニティ―一世の時代、そして今―』暁印書館
内藤哲雄（2002）『ＰＡＣ分析実施法入門［改訂版］―「個」を科学する新技法への招待―』ナカニシヤ出版
内藤哲雄・井上孝代・伊藤武彦・岸太一編（2008）『ＰＡＣ分析研究・実践集１』ナカニシヤ出版
内藤哲雄・井上孝代・いとうたけひこ・岸太一編（2011）『ＰＡＣ分析研究・実践集２』ナカニシヤ出版
中川かず子・神谷順子（2018）「北海道におけるベトナム人技能実習生の日本語学習意識と学習環境―多文化共生の視点から考察―」『開発論集』１０２、79-98頁
永田貴聖（2018）「宗教関連施設を通じたフィリピン人移住者たちのネットワーク―京都市・希望の家を事例に―」第７章、高橋典史・白波瀬達也・星野壮編著（2018）『現代日本の宗教と多文化共生―移民と地域社会の関係性を探る―』明石書店
永吉希久子（2020）『移民と日本社会―データで読み解く実態と将来像―』中公新書

二階堂裕子（2019）「外国人技能実習生と地域住民の顔の見える関係の構築―岡山県美作市における地域再生の試み―」『社会分析』46、63-81頁
野上恵美（2010）「在日ベトナム人宗教施設が持つ社会的意味に関する一考察―カトリック教会と仏教寺院における活動の比較―」『鶴山論叢』10、41-56頁
野上恵美（2018）「異文化をつなぐカトリックの媒介力―神戸市・たかとり教会の事例から―」第4章、高橋典史・白波瀬達也・星野壮編著（2018）『現代日本の宗教と多文化共生―移民と地域社会の関係性を探る―』明石書店
パットナム・ロバート・D（柴内康文訳）（2006）『孤独なボウリング―米国コミュニティの崩壊と再生―』柏書房（原著：Robert D. Putnam (2000). *Bowing Alone: The Collapse and Revival of American Community*. Simon & Schuster.）
樋口尊子（2019）「これからの外国人労働者と日本語学習支援―東大阪地域のエンジニアと技能実習生へのインタビュー調査から―」『樟蔭国文学』55、15-37頁
樋口尊子（2021）「地域日本語教室と技能実習生」第10章、真嶋潤子編著『技能実習生と日本語教育』大阪大学出版会
樋口直人（2010）「『多文化共生』再考―ポスト共生に向けた試論―」『アジア太平洋研究センター年報』7、3-10頁
福本拓（2010）「東京および大阪における在日外国人の空間的セグリゲーションの変化―『オールドカマー』と『ニューカマー』間の差異に着目して―」『地理学評論 Series A』83（3）、２８８-３１３頁
文化庁（2021）「宗教年鑑」〈https://www.bunka.go.jp/tokei_hakusho_shuppan/hakusho_nenjihokokusho/shukyo_nenkan/pdf/r03nenkan.pdf（２０２２年5月15日閲覧）〉

法務省（2019）「新たな外国人材の受入れについて」〈https://www.mhlw.go.jp/content/12000000/000496698.pdf（２０２４年10月１日）〉
法務省（2019）「外国人技能実習制度について」〈https://www.moj.go.jp/isa/content/930005177.pdf（２０２４年10月１日閲覧）〉
法務省（2020）「外国人材の受入れ・共生のための総合的対応策（令和２年度改訂）の概要」〈https://www.moj.go.jp/isa/content/930005875.pdf（２０２４年10月１日閲覧）〉
法務省（2021）「法務省出入国在留管理庁報道発表資料」〈https://www.moj.go.jp/isa/content/001356650.pdf（２０２４年10月１日閲覧）〉
法務省（2022）「外国人材の受入れ・共生のための総合的対応策（令和４年度改訂）の概要」〈https://www.moj.go.jp/isa/content/001374803.pdf（２０２４年10月１日閲覧）〉
法務省（2022）「法務省出入国在留管理庁報道発表資料」〈https://www.moj.go.jp/isa/content/001393064.pdf（２０２４年10月１日閲覧）〉
法務省（2023）「法務省出入国在留管理庁報道発表資料」〈https://www.moj.go.jp/isa/content/001415139.pdf（２０２４年10月１日閲覧）〉
法務省（2024a）「改正法の概要（育成就労制度の創設等）」〈https://www.moj.go.jp/isa/content/001415280.pdf（２０２４年10月１日閲覧）〉
法務省（2024b）「法務省出入国在留管理庁報道発表資料」〈https://www.moj.go.jp/isa/content/001415139.pdf（２０２４年10月１日閲覧）〉
星野壮（2018）「カトリック教会による宗教組織内〈多文化共生〉を目指す試み―在日ブラジル人の場合―」第２章、高橋典史・白波瀬達也・星野壮編著『現代日本の宗教と多文化共生―移民と地域社会の関係

性を探る―』明石書店
真嶋潤子（2021）「技能実習生への日本語教育」第1章、真嶋潤子編著『技能実習生と日本語教育』大阪大学出版会
松永典子（2020）「多文化共生に向けた異文化接触の仕掛けの考案―日本人住民の接触不安軽減化に向けて―」『多文化関係学会第19回年次大会プログラム&抄録集』10-13頁
松村真宏（2016）『仕掛学―人を動かすアイデアのつくり方―』東洋経済新報社
三木英（2017a）「設立される待望の故郷―在日ベトナム人と仏教寺院―」第7章、三木英編『異教のニューカマーたち―日本における移民と宗教―』森話社
三木英（2017b）「はじめに」三木英編『異教のニューカマーたち―日本における移民と宗教―』森話社
三木英（2024）「在日ベトナム人にとって仏教寺院とは何か」第3章、三木英編『ニューカマー宗教の現在地―定着する移民と異教―』七月社
三隅一人（2013）『社会関係資本―理論統合の挑戦―』ミネルヴァ書房
水松巳奈（2017）「プロジェクト型『国際共修』が学生の自己効力に与える影響―Kolbの経験学習モデルを用いてデザインした授業に関する一考察―」『東北大学高度教養教育・学生支援機構紀要』3、115-129頁
宮島喬（2017）「移民・外国人の社会的統合の社会学」『学術の動向』22（10）、78-83頁
宮島喬・鈴木江理子（2019）『新版　外国人労働者受け入れを問う』岩波ブックレットNo.1010、岩波書店
ミン・チー（1995）「ヴェトナム仏教の複雑な素顔」坪井善明編『暮らしがわかるアジア読本　ヴェトナム』河出書房新社

ムコパディヤーヤ・ランジャナ（2005）『日本の社会参加仏教―法音寺と立正佼成会の社会活動と社会倫理―』東信堂

村上瑛一（2015）「吉野川市国際交流協会日本語教室の歩み」吉野川市国際交流協会

毛受敏浩（2020）『移民が導く日本の未来―ポストコロナと人口激減時代の処方箋』明石書店

矢野秀武（2011）「『宗教の社会貢献』論から『宗教研究の社会的マネジメント』論へ」『宗教と社会貢献』1（2）、49–71頁

山口裕子（2021）「日本の外国人受け入れ政策の変遷と課題―技能実習制度から２０１８年入管法改正までを中心に―」『北九州市立大学文学部紀要』90、87–１０８頁

山根俊彦（2017）「『多文化共生』という言葉の生成と意味の変容―『多文化共生』を問い直す手がかりとして」『常盤台人間文化論叢』３（１）、１３５–１６０頁

山辺真理子（2011）「『居場所』としての日本語教室―日本語ボランティア養成講座の考え方と実践―」『シリーズ多言語・多文化協働実践研究』13、66–73頁

山脇啓造（2003）「日本における外国人政策の批判的考察―多文化共生社会の形成に向けて―」『明治大学社会科学研究所紀要』41（２）、59–75頁

吉野川市国際交流協会（2005）「国際交流　よしのがわ」第1号〈https://yia2020.net/wp/wp- content/uploads/2019/11/BRW802BF949D49D_000058.pdf（２０２０年12月12日閲覧）〉

リン・ナン（筒井淳也・石田光規・櫻井政成・三輪哲・土岐智賀子訳）（2008）『ソーシャル・キャピタル―社会構造と行為の理論―』ミネルヴァ書房（原著：Nan Lin (2001). *Social Capital: A Theory of Social Structure and Action*. Cambridge University Press.）

資料

資料1-3　第1研究M-GTA分析ワークシート

資料2-2　第2研究SCAT分析シート

資料3-2　第3研究SCAT分析シート

資料１－３　第１研究 M-GTA 分析ワークシート

分析ワークシート

【異国での現実】

［慣れない職場のストレス］

概念名	きつい業務内容
定義	仕事が辛くてストレスを多く抱えている
ヴァリエーション （具体例）	・「（実習生の時）当時はきつかった。仕事も結構長いし、朝８時半から夜中の１時とかまで働くことがあった。」（G1） ・「ベトナムで説明を聞いたことと社長がおこなったことが違っていて困った。ストレスをみんな抱えていた。…辛かった。会社に対して、みな嫌な思いを持っていました。」（G3）
理論的メモ （分析中の気付き）	辛い業務内容にストレスを多く抱えている人がいるようだ。

概念名	日本が通じなくて辛い
定義	日本語がうまく話せなくて仕事で日本人と話すことが辛いと感じる
ヴァリエーション （具体例）	・「日本語ができない人はとても大変でした。日本語ができないと、上司の指示が分からなくて、文句を言われていた。」（G3） ・「仕事で一番困っているのは、やっぱり日本語です。仕事中、医療者と話したいけど、皆しゃべるのが早いから、自信を持って話せない。」（G11）
理論的メモ （分析中の気付き）	介護の実習生は日本語を仕事で使う機会が比較的多いようだが、方言やしゃべりの早さについていけずにストレスを感じているようだ。

［日々の不安や悩み］

概念名	親に辛い現状を話せない
定義	親が心配するから良いことしか電話で話せていない
ヴァリエーション（具体例）	・「親には辛いことは話さない。」（G8） ・「心配させないように、親には良いことしか言わない。」（G9）
理論的メモ（分析中の気付き）	辛い業務内容にストレスを多く抱え、親に黙って耐えている人が少なくないようだ。

概念名	ベトナムが恋しい
定義	故郷への思いを募らせている
ヴァリエーション（具体例）	・「仕事がきついと帰りたくなる」（G1） ・「家族やベトナムは恋しいが、お金を稼ぐために、もっと日本にいたい」（G7）
理論的メモ（分析中の気付き）	故郷を恋しく思う気持ちがあるが、お金のために我慢している人が多いように思う。

概念名	休日にすることがない
定義	日本語教室以外に休日にすることがない
ヴァリエーション（具体例）	・「（日本語教室に来る）以前は、することがないし、この時間は寝ていた。することがないし、スーパーに行って、昼ごはんを食べて寝るしかなかった。」（G4） ・「ここ（日本語教室）に来るまでは友達がいなかった。寮ですることはないし、寝たりYouTubeで映画を見たり、料理を作ったり、Facebookをしたりしていた。でかけませんでした。」（G11）
理論的メモ（分析中の気付き）	日本語教室に来るまでは友達もいないし、することがなく暇を持て余していたようだ。

【日本語を学ぶ場】

［日本語教室の時間］

概念名	将来のために勉強する
定義	将来のために日本語をしようと思っている
ヴァリエーション （具体例）	・「将来に対する不安はあった。不安に思うしかなかったけど、不安だったから日本語の勉強をしていた。N3を持ったら、日本語センターで実習生に日本を教えられるので、給料ももらえるから、（実習生たちは）日本語の勉強をしていると思う。」（G1） ・「将来のために勉強する。私は若い時はあまり勉強しなかった。将来は日本語に関わる仕事につきたい。就職しようと思っているので、日本に住んでいるうちに、もっと勉強したい。」（G2）
理論的メモ （分析中の気付き）	日本や日本文化が好きだけではなくて、ベトナムに帰国後に日本語を使った仕事をしたいという思いで勉強をし、その思いがあるから日本語教室に通い、そして実習を頑張れているのだろう。

概念名	日本語を学べる唯一の場
定義	日本語教室以外に日本語を使う場面がほとんどなく、日本語を学べる唯一の場と思っている
ヴァリエーション （具体例）	・「日本語教室しか日本語を話す機会はない。」（G1） ・「ここに来る目的は、日本語の勉強と先生と話すことです。ここしかできない。」（G4）
理論的メモ （分析中の気付き）	日本語を学びたいけど、日本語教室以外にその機会を見つけるのは難しいようだ。

概念名	クラスメイトとの時間を楽しむ
定義	日本語教室のクラスメイトと仲が良く楽しい時間を過ごせている
ヴァリエーション（具体例）	・「（技能実習生の時）日本語教室は楽しかった。一番の良い思い出です。クラスメイトとも仲が良かった。」（G3） ・「（クラスメイトは）皆さん仲良しで、雰囲気が楽しいです。」（G8）
理論的メモ（分析中の気付き）	全員がクラスメイトとの関係は良好で、一緒に過ごす時間を楽しんでいるのが伝わってくる。

概念名	同郷の人と会える
定義	日本語教室でベトナム人に会うと故郷を思い出すことができると思っている
ヴァリエーション（具体例）	・「教室に来るたびに楽しいと感じます。（ベトナム人に会うと）何か故郷を思い出すこともあるし、ベトナム人に会うと喜びを持ちますね。仕事の同僚は、仕事とプライベートを別々に分けているので、仕事が終わってから話していない。」（G2） ・「クラスメイトはほとんどベトナム人なので、友達になった。ベトナム語が話せて楽しい。」（G11）
理論的メモ（分析中の気付き）	故郷が恋しいが、帰らない現実を前に、教室で同郷の人と会えるのは心が安らぐようだ。

[日本語講師の存在]

概念名	家族のような安心できる存在
定義	親切で家族のように心配してくれて安心できる存在
ヴァリエーション（具体例）	・「（先生は）ものすごく親切です。何回も自宅に食事に誘ってくれたりした。その時は落ち着くし、仲良いし、家族のような感じがする。」（G2） ・「（先生は）ものすごく熱心で、（日本に）来たばかりで慣れてない時に色々教えてくれた。安心できる。交通の状態が安全かとか聞いてくれたり、労働時間がどうかとか家族みたいに心配してくれる。」（G9）
理論的メモ（分析中の気付き）	熱心に日本語を教えてくれたり、生活を心配してくれたりして、生活する上で安心できる存在であることが表情などから伝わる。

概念名	熱心に日本語を教えてくれる
定義	日本語講師から熱心に日本語を教えてもらっていることに満足している
ヴァリエーション（具体例）	・「熱心に日本語を教えてもらいました。」（G3） ・「先生たちはとても熱心で、ここに来たら親切に（日本語を）教えてくれる。」（G11）
理論的メモ（分析中の気付き）	実習生たちは先生が熱心に日本語を教えてくれていることに満足しているようだ。

概念名	様々なイベントを企画してくれる
定義	日本語授業以外にも交流会を企画してくれる
ヴァリエーション （具体例）	・「このクラスで先生と他のベトナム人とお寺とか色々連れて行ってくれたこととか、料理の交流で、ベトナムの揚げ春巻きを作ったことが一番楽しかった。」（G1） ・「先生たちとの思い出が一番。外で、公園とか、海とか遊びに行ったのが一番の思い出です。先生たちと料理を作ったこともあります。」（G3）
理論的メモ （分析中の気付き）	実習生たちは日本語講師の企画するバス旅行や散歩、イベントなどを楽しんでいるようだ。

【故郷とのつながり】

概念名	SNSで外部との繋がりを感じる
定義	FacebookやYouTubeなどのSNSでベトナムの知り合い等と繋がって寂しさを紛らしたり時間を潰したりしている
ヴァリエーション （具体例）	・「徳島に来てから最初の１ヶ月くらいは寂しかった…（その時は）FacebookやYouTubeとかを毎晩見ていた。ベトナムのお笑い番組を見ていた。ベトナムの状況が分かるし、笑ってストレスの解消になる。日本語教室に通い出してから、YouTubeを見る時間が減った。」（G4） ・「（日本語教室に）来るまでは友達がいなかった。寮ですることはないし、寝たりYouTubeで映画を見たり、料理を作ったり、Facebookをしたりしていた。」（G13）
理論的メモ （分析中の気付き）	日本に友達がいない時にYouTubeやFacebookでつながりを感じていたが、日本語教室で友達ができると状況は変わっているようだ。

概念名	ベトナム料理で故郷を感じる
定義	ベトナム料理を食べることで故郷を思い出したりして心を落ち着かせる
ヴァリエーション（具体例）	・「ベトナム料理を食べたり、日本語教室でベトナム人と話すと安心する。ベトナム料理は自分で作っています。他の料理とベトナム料理は違う。故郷を思い出すことができる。」（G8） ・「ベトナム調理を作ると、ものすごく落ち着くしベトナムのことを思い出せる。」（G9）
理論的メモ（分析中の気付き）	ベトナム料理を作ることで気持ちを落ち着かせようとしているようだ。

概念名	家族に電話する
定義	悩みを家族（親以外）に共有する
ヴァリエーション（具体例）	・「誰でも悩みがあると思いますが、家族に語っています。電話です。」（G2） ・「辛い時や寂しい時には、携帯でベトナムにいる姉に電話をします。」（G4）
理論的メモ（分析中の気付き）	辛い時には家族に電話をして共有しているようだが、親を心配させなくないために、親以外の家族に話を聞いてもらっているようだ。

概念名	ベトナムの伝統行事への参加を望む
定義	テトやブーランなどベトナム伝統行事への思いを募らせている
ヴァリエーション（具体例）	・「（テトやブーランに）参加できなくて寂しい。日本でも参加したい。」（G8） ・「それらの行事（テトやブーラン）に参加できなくて、本当に本当に寂しい。」（G12）
理論的メモ（分析中の気付き）	ベトナムの伝統行事に日本でも参加したいと思っている人もいるようだ。

【仏教の信仰】
［信仰の場を望む］

概念名	ベトナム寺院の存在を望む
定義	近くにベトナム寺院があることを望んでいる
ヴァリエーション（具体例）	・「ベトナムのお寺があったら嬉しいです。日本のお寺はベトナムのお寺と比べて、中の様式や雰囲気が違うから、ベトナムのお寺があったらベトナムの雰囲気がするということで、ものすごく良いなあと思います。」（G3） ・「（近くに）ベトナムのお寺があったら嬉しいです。行きたいです。そのお寺で健康のためにお祈りとかをしたいです。」（G9）
理論的メモ（分析中の気付き）	ベトナム様式の寺院が近くにあることを望む気持ちが窺える。

概念名	理解者としてのベトナム人僧侶の必要性
定義	近くの寺院にはベトナム語話者のベトナム人僧侶がいて欲しいと思っている
ヴァリエーション（具体例）	・「ベトナムのお坊さんの存在も大切。言葉だけではなくて、ベトナムの文化を理解しているから、それが一番大事なこと。」（G4） ・「日本語が分からないし、ベトナムの文化が分かっているお坊さんいた方いいので、ベトナムのお坊さんがいた方が良い。」（G9）
理論的メモ（分析中の気付き）	ベトナム様式の寺院が近くにあることを望む気持ちが窺えるが、ベトナム人の僧侶がいないと不安な気持ちがあるようだ。

概念名	代替としての日本寺院の存在
定義	祈りの場の代替として日本寺院に行きたいと思っている
ヴァリエーション（具体例）	・「日本のお寺に行きたいと思います。日本のお寺でも同じ気持ちで祈ったら大丈夫です。」（G4） ・「日本のお寺でもいいから行ってみたいという人も結構いると思う…日本であってもテトなどに参加すると、故郷に戻ったような気持ちになれるのだろう。」（G1） ・「近くの日本のお寺に行ったことはあるが、中に入ったことはない。もし日本のお寺が落ち着くような場所だったらうれしい。」（G9）
理論的メモ（分析中の気付き）	祈りをしたいができない人で日本寺院の存在を望む人もいるが、実際にいくことにはためらう気持ちがあるようだ。

［ベトナム寺院のない現実］

概念名	ベトナム寺院に行けない寂しさ
定義	ベトナムに住んでいた時のように寺院に行けなくて寂しく思っている
ヴァリエーション（具体例）	・「（日本で、今ベトナムのお寺に通えていなくて）少し寂しく感じていますが、日本で生活しているのでしょうがないです。（お祈りは）毎朝、早く起きて、外で少しお祈りしています。」（G7） ・「（今ベトナムのお寺に通えていなくて）ものすごく寂しいです。（お祈りは）できればやりたいけど、できていない。心の中で祈ることしかできていません。」（G9）
理論的メモ（分析中の気付き）	寂しさの程度の差こそあれ、ベトナムで定期的に通っていた寺院に行けない気持ちを皆が抱いていることが分かった。

概念名	心の中で祈るしかできない
定義	ベトナム寺院に行けないので心の中で祈るしかないと思っている
ヴァリエーション（具体例）	・「今、参加できなくて寂しい。泣いている。ベトナムで、近くのお寺に通っていました…家族の健康のために祈りをしていました。今、お寺に行けなくて寂しいけど、仕方がないので我慢している。今は、心の中でしている…家族のことを考えている時に、心でお祈りをする。」（G10） ・「今、お寺に行けないけど、仕方がないので我慢するしかない。今は、心の中でお祈りをしている。お寺がないから。何か心配なことがある時に、心でお祈りをしている。」（G11）
理論的メモ（分析中の気付き）	家族のためにお祈りをしていた習慣がなくなって、仕方なく心の中でお祈りをする人が多いようだ。

	<1> テクスト中の注目すべき語句	<2> テクスト中の語句の言いかえ	<3> 左を説明するようなテクスト外の概念	<4> テーマ・構成概念（前後や全体の文脈を考慮して）	<5> 疑問・課題
	お父さんが亡くなって辛くて／お寺に行こうと思っても／人に言ったら心配される／日本文化とかルールとか分からなくて／Fさん／お盆があるよと言われて／お盆にぜひ参加してくださいって言われて／ふつうに参加者としてきました	父親が亡くなった辛さ／仏教寺院へ行けない／人に話せない／寺院のことが分からない／仏教徒ベトナム人／ベトナム仏教法要／誘われて参加した	父親との死別による悲嘆／寺院参拝を躊躇する／シェアできない苦しみ／日本の仏教文化への無知／日本語ビリーフのなさ／同朋との出会い／ベトナム仏教法要への勧誘	苦悩を誰とも共有できない日々／日本の寺院の文化に精通していない不安感／日本語能力に対する自信のなさ／地域仏教寺院への参拝に対するためらい／ベトナム人仏教徒との出会い／ベトナム仏教法要参加の誘い	
	その後／思いや自分の感情を皆で共有して／仏教の会を続けるために仏教の実行委員を立ち上げよう	ベトナム仏教法要参加後／今後のことを考える／仏教の会を継続を目的とした会の活動の開始	仏教関連の自治組織立ち上げ／宗教教化活動の開始	ベトナム法要参加で生まれた同朋／信仰の機会創出の活動	
	イベント／ベトナムのお坊さんに姫路や神戸から来てもらって／お坊さんの話を聞いて／なんとなく解けていく／4年くらい活動	仏教関連活動／ベトナム人僧侶の来訪／法話を聞く／辛さから解放される／仏教会の活動の継続	継続的な教化活動／コミュニティ外への働きかけ／ベトナム人僧侶とのベトナム人僧侶による宗教的ケア／ストレス緩和	ベトナム人への仏教関連行事創出の継続的な活動／ベトナム人僧侶の来訪／ベトナム人僧侶との交流による苦悩の解放	
	ベトナムで／お寺／たまに行きます／お父さんが亡くなった後にもっとお寺とのご縁ができます／お寺に入って住んで／仏教のことを教えてもらって	ベトナムにいた時に寺院に定期的に行っていた／父親の死別後に寺院との縁が生まれる／寺院で宿泊を伴う修行体験に参加／仏教について学んだ	仏教修行体験／ベトナムでの寺院への信仰習慣／父親の死により生まれた寺院との縁	仏教寺院への定期的な参拝習慣／仏縁による教化／仏教に出遇った喜び	
	日本に来て／お父さんが亡くなって3か月しか経っていなかった／他の人にこのことを言いたくなくて／涙が流れて／お寺／なかなか行けなくて辛かった	来日／父親の死後から間もない／他の人に話せない／寺院に行く機会がなくて辛い	肉親の死別後間もない来日／シェアできない苦しみ／仏教寺院での苦しみからの解放の期待／仏縁に恵まれない日々	苦悩を誰とも共有できない日々／仏教寺院への参拝願望／寺院への参拝機会の喪失	
	行こうと思ったけど行けなかった／言語が分からなくて／お寺に入る礼儀とか分からない	日本の仏教寺院に入る勇気がない／日本語能力に自信がない／日本の仏教寺院の作法等が分からない	日本語能力に対する低いビリーフ／寺院参拝への躊躇／日本の寺院参拝作法への無知	日本の寺院の文化に精通していない不安感／日本語能力に対する自信のなさ／地域仏教寺院への参拝に対するためらい	

資料２－２　第２研究 SCAT 分析シート

A

番号	発話者	テクスト	
1	A	(Q: ベトナム法要に参加しようと思ったきっかけは何ですか) 実は日本に来る前にお父さんが亡くなってしまって、辛くていつも泣いていました。福岡にあるお寺に行こうと思っても、日本語能力がまだそこまでないし、日本文化とかルールとか分からなくて…。人に言ったら心配されるから…。私のお父さんの一回忌にベトナムに帰る前に、F さん、最初の（ベトナム法要の）実行委員と話した時に、お寺に連れて行こうと言われました。お寺の環境が癒してくれるから、彼と話して、めっちゃ泣きました。その時、お盆があるよと言われて、お父さんの一回忌から日本に戻ってきたら、お盆にぜひ参加してくださいって言われて、ふつうに参加者として来ました。受付のスタッフになってと言われて、日本人との挨拶とか、分からないベトナム語を説明するとか、その時何しているかとか、その日の流れを説明したりとか、そんな仕事もしました。	
2	A	その後、博多駅の近くの公園で、思いや自分の感情を皆で共有して、仏教の会を続けるために、仏教の実行委員を立ち上げようと、F さんから言われて、何人か手があがって、実行委員になりました。	
3	A	仏教の活動色々ありますよ。お盆だけではなくて、小さなイベントを開いて、子供達や親にも参加してもらって、ベトナムのお坊さんに姫路や神戸から来てもらって、辛い人は集まって、お坊さんの話を聞いて、何となく解けていく、そういう感じ。皆それぞれですが、私は F さんの繋がり、偶然参加したこと、その後実行委員になって、4 年間くらい活動を色々やってきました。	
4	A	(Q: ベトナムでお寺にはどれくらいお参りに行っていましたか) たまに行きますが、年何回か行きます。だいたい、1 か月に 1 回くらい行っていました。お父さんが亡くなった後にもっとお寺とのご縁ができます。高校 3 年のとき、3 日お寺に入って住んで、イベントに参加しました。540 人参加者がいて、3 日間お坊さんの活動をしてみるという内容です。朝 3 時に起きて、4 時から座禅をして、お経をよみます。終わったら朝ご飯を食べました。それが一番楽しかったです。皆、540 人が並んで、歩いて食事をもらって、静かに席に戻って、全員が食事をとったら、お祈りをして、感謝して、食事を食べます。朝 6 時からゴミをひろったり、お寺の活動をします。イベントではゲームもしたり、お盆の歴史を学んだり、仏教のことを教えてもらって、夜は暗い空でみんな、気持ちが下がるから、お父さんやお母さんのこと、ビデオとか見て、すごい泣いていました。両親のことを思って、めっちゃ泣きました。	
5	A	(Q: その後日本に来て、日本語学校に行ったんですよね。日本に来て、お寺に行けなくてどんな気持ちでしたか) お父さんが亡くなって 3 ヶ月しか経っていなかったので、すごい辛かったですけど、私が良かった点は知り合いの友達と一緒に日本に来ました。その友達は私の辛い気持ちを知っているけど、言ったら泣くので何も言いませんでした。私も他の人にこのことを言いたくなくて、言わなかったけど、ひとりでいる時とか家に帰ったら涙が流れていました。福岡にはたくさんお寺があると聞いていたので、お寺の服を持って来ていました。行こうと思ったけど、なかなか行けなくて辛かったです。人に簡単にシェアできないので…。	
6	A	(Q: お寺には行こうと思ったけど行けなかったってことですか) はい、言語が分からなくて、お寺に入る礼儀とか分からないので、日本語がまだ低くて人に聞けないので…。	

<1> テクスト中の注目すべき語句	<2> テクスト中の語句の言いかえ	<3> 左を説明するようなテクスト外の概念	<4> テーマ・構成概念 (前後や全体の文脈を考慮して)	<5> 疑問・課題
お父さん／お盆に参加した／辛さが解けた／共有できました／みんな一人暮らし／泣きました／自分のような困っている人のためになるといいな	父親との死別／ベトナム仏教法要に参加して辛さが緩和された／参加者と辛さの共有／他の人にとっても良い会であった／他の困っている人のために何かしたい	肉親と死別による苦／仏教による救い／同朋との共有／苦しみからの解放／利他行	異国でのベトナム仏教法要実施の素晴らしさに対する気づき／ベトナム人との苦悩の共感体験／自身の中の仏教の社会貢献的な活動に対する動機の芽生え	
仏教のことを維持／色々なイベント	仏教に触れる機会を継続させる／色々な人を対象とした行事を開催する	仏縁の継続／仏教行事の開催	ベトナム人への仏教関連行事創出の継続的な活動	
ベトナム人／つながり／仏教会の活動／皆自然と申し込んでくれて	ベトナム人仏教徒同士の繋がり／仏教に関わる活動へ自発的に参加	ベトナム人仏教徒同士の関係性の強まり／教化活動への主体的な参加	ベトナム人仏教徒同士の繋がり強化への貢献／仏教関連活動へのベトナム人の自発的な参加	
姫路や神戸から／話し方がすごくて／普通に相談ができます	僧侶と話して辛さが解消される／遠方から僧侶が来てくれる	ベトナム人僧侶の来訪／僧侶からのカウンセリング／辛さの緩和	僧侶への相談や法話による苦悩の解放／ベトナム人僧侶の来訪	
日本のお寺／M先生がすごく熱心／ボランティアさん	地域仏教寺院／日本人住職の熱心さ／ベトナム人のボランティアスタッフの支え	地域仏教寺院の利他主義的な日本人住職／ベトナム人の互助活動	地域仏教寺院住職の利他的思考／ベトナム人ボランティアの協働活動	
日本でもお盆ができる／嬉しい／参加者／一緒	日本でのベトナム仏教法要のできる喜び／ベトナム人と一緒に参加できることを楽しみにする	法要実施に対する歓喜の念／同郷の仏教徒との共同参列に抱く希望	異国での法要参加への喜び／多くのベトナム人との協働活動への期待	
ベトナムのお坊さん／深い意味は分からない／日本人のお坊さん／言語の壁	ベトナム人僧侶の重要性／日本人僧侶／日本語では意味が分からない	日本人僧侶とのコミュニケーション上の障壁／同国の僧侶とは可能な意味伝達	日本人僧侶との言語の壁への懸念／法要の意味理解に必須のベトナム人僧侶の存在	
日本のお寺について考え方が変わる／温かい／同じ大乗仏教／どこでも一緒	地域仏教寺院に対する考え／優しい気持ち／同じ仏教であれば変わらない	地域仏教寺院住職の他者受容性／大乗仏教の同一性／地域仏教寺院に対する認識の変化	地域仏教寺院住職の利他的思考／日本の寺院での信仰可能性への気づき／地域仏教寺院に対する認識の変容	

番号	発話者	テクスト
7	A	(Q: この法要を通じて、変わったこと、得られたことはありますか) ありますね。高校3年のイベントが記憶に残っていて、その時はお父さんはいました。両親が元気だったので、辛さはまだ分かっていませんでした。日本のお盆に参加したら、私はすごい泣きました。辛さが解けたということができて、気持ちが変わりました。その前は言いたいけど言えないという気持ちでしたけど、共有できました。お盆に来て、だいたいみんな一人暮らしをしていたから、お父さんやお母さんのことを思い出して、すごい泣きました。この会がすごいいいなと思いました。みな、正直な気持ちでいきていると感じました。自分のような困っている人のためになるといいなと思っています。
8	A	(Q: 信仰は年1回のこの法要だけで、それ以外は何もできていないですか) それは違います。わたしたちは仏教のことを維持できるように、色々なイベントを作りました。さっき言った通り、子供のために、6月がベトナムの子供の日だから、その時期に皆の予定が合う日を選んで、Facebook に招待状を載せて、子供や親に参加してもらいました。
9	A	(Q: この法要を通してベトナム人同士のつながりが強くなった感じですか) そうですね。仏教会の活動に皆が自然に申し込んで参加してくれています。Facebook のグループがありますから、そこで案内して参加してもらっています。普通の会だったら楽しみに来る会ですが、普通の会だったら来て来てって誘ったりひっぱってくるけど、仏教会の活動には皆自然と申し込んでくれて来てくれます。経済的にも何も問題なく、食事のお金も全然かからないですので。あと、旅行に行ったりもしました。久留米の成田山など。これは、大きな観音様です。あとは、櫛田神社の近くの東長寺とかです。
10	A	(Q: 信仰ではお坊さんの存在は大切ですか) 大切です。だって、知識を持っている人ですから。話し方がすごくて、自然に私たちは受入れます。仏教の話と実際の話がつながっていて、辛さが解けていきます。ベトナムのテトとかにも頑張って立ち上げましたが、その後お坊さんは姫路や神戸から、8時間くらい運転して、1日みんなと大橋の体育館で部屋を借りてみんなと話しました。仏教のこととか。お父さんと子供が話すような雰囲気を作りました。 (Q: 姫路からベトナムのお坊さんがたまに来てくれる時はどういう気持ちですか) もうすごい会いたいですね。お盆のようなイベントを行うと、色々な準備をしないといけないですけど、お坊さんが来てくれる時は、家族のような雰囲気で、普通に相談ができます。
11	A	(Q: ベトナム法要をしたのは日本のお寺ですが、参加してみてどうでしたか) M 先生がすごい熱心で、いつも手を貸してくれます。最初は私は直接つながってなかったですが、ブーランの前日は準備をしないといけないですが、ボランティアさんがお寺に来て、きれいに掃除してくれたり、M 先生もすごい気が付く先生だから、寝る所とか、すごい準備してくれました。
12	A	(Q: 法要に行く前は、日本のお寺で実際にベトナムの法要ができるのか不安ではなかったですか) なんか私最初は全然何も考えず、日本でもお盆ができるんだって嬉しくて、どんな感じかなあって思っただけで、心配は全然なかったです。ベトナム人のお坊さんもいるし、何百人も参加者がいるから、一緒に活動できるのはいいなあと思いました。楽しみでした。
13	A	(Q: ベトナムのお坊さんが来るというのも重要でしたか) 重要ですね。私はベトナムにいたときにお寺に行っていたから分かりますが、ほとんどのベトナム人は、お坊さんを尊敬するから皆お寺に行くけど、深い意味は分からないと思います。お寺に行っても、式の流れが分からないから、日本人のお坊さんだと言語の壁があったりますから…。もし日本のお坊さんがいて、通訳がいるといいけど、人の仕草とか言葉をぴったり通訳はできないので…。
14	A	(Q: 法要後の日本の寺院に対する考え方は変わりましたか) そうですね、日本のお寺についてちょっと考え方が変わるというか、温かい、親切だなと思っています。同じ大乗仏教を信じるなら、どこでも一緒じゃないかと思って、みんな統一的だと思っています。

<1> テクスト中の注目すべき語句	<2> テクスト中の語句の言いかえ	<3> 左を説明するようなテクスト外の概念	<4> テーマ・構成概念（前後や全体の文脈を考慮して）	<5> 疑問・課題
福岡に将来はお寺ができればいいなあ	福岡にベトナム仏教寺院ができることを望んでいる	ベトナム仏教寺院建立への希求	自身の居住地のベトナム仏教寺院建立の願い	
仏像を置いて／お経をよんだり／毎週土曜日にお祈り／何年間も／仕事がうまくいかない／仕事でいじめ／お父さんが亡くなった	民家に仏像を置いて信仰の場としている／ベトナム法要後から定期的に集まって信仰をしている／信仰を必要とするベトナム人が集う	寺院の代替／ベトナム人仏教コミュニティの信仰生活／心の拠り所を求めて集まるベトナム人仏教徒／親の死別による苦／職場のストレス	宗教施設の代替の場での信仰／悲嘆を抱いたベトナム人仏教徒	

	人仏教徒との出会いをきっかけにベトナム仏教法要への誘いを受ける。／・法要参加にあたり、日本人僧侶との言語の壁への懸念を抱く。／・法要の意味理解に必須のベトナム人僧侶の存在があり、多くのベトナム人との協働活動への期待を持つ。／・地域仏教寺院への参拝に対するためらいよりも、異国でのベトナム仏教法要参加への喜びが勝る。／・地域仏教寺院住職の利他的思考やベトナム人ボランティアの協働活動により法要が可能となっている。／・この法要では、ベトナム人との苦悩の共感体験により、異国でのベトナム仏教法要実施の素晴らしさに対する気づきを得ている。／・自身の中の仏教の社会貢献的な活動に対する動機の芽生えを感じる。／・地域仏教寺院住職の利他的思考により、地域仏教寺院に対する認識の変容が生まれるとともに、日本の寺院での信仰可能性への気づきを得る。／・この法要後は、ベトナム法要参加で生まれた同朋とともに、信仰の機会創出の活動を始めることとなる。／ベトナム人への仏教関連行事創出の継続的な活動を行っている。／・仏教関連活動へのベトナム人の自発的な参加につなげられたことで、ベトナム人仏教徒同士の繋がり強化への貢献を果たせている。／・ベトナム人僧侶の来訪で、ベトナム人僧侶との交流による苦悩の解放を得られている。／・ベトナム仏教法要後の信仰としては、自身の居住地のベトナム仏教寺院建立への願いを抱いている。／・悲嘆を抱いたベトナム人仏教徒とともに、宗教施設の代替の場での信仰を行っている。
さらに追究すべき点・課題	

SCAT（Steps for Coding and Theorization）を使った質的データ分析
2019.3.26
SCAT WEB site からのダウンロードフォーム scatform1.xls
http://www.educa.nagoya-u.ac.jp/~otani/scat/scatform1.xls

番号	発話者	テクスト
15	A	(Q: 日頃、信仰はどうしていますか) 今は福岡にベトナムのお寺ができていないから、簡単に集まれなくて、福岡に将来はお寺ができればいいなあと思っています。
16	A	F さんの家に仏像を置いていて、掃除したり、何人か集まって、お経を読んだり、お祈りしたりしています。F さんはもうベトナムに戻っています。最初は仏像は小さかったですが、どんどん多く、大きくなっていきました。世界で仏教を学んでいるベトナム人たちが、SNS を見て、アメリカから仏像を送ってくれました。あと、ベトナムに帰国したときに、ある人が仏像をくれて、それを持ってきました。また、ベトナムからお経本を無料で送ってくれます。F さんの家で、その本を使って、毎週お経を読んでいます。F さんは 2020 年 11 月にベトナムに帰りました。F さんはいろんなことを教えてくれました。仏教の知識を教えてくれました。とても活発ですが、あまり日本語が話せません。F さんは日本語学校へ行って、専門学校へ行って、帰国しました。F さんは何人かで住んでいたので、F さんが帰った後も、まだ仏壇はあります。Facebook で知って、皆んな勝手に毎週土曜日にお祈りに来る人もいるし、連絡をして来る人もいます。毎週土曜日のその集まりは、何年間も続いています。少なくても 6 人か 7 人で、多い時は 25 人くらい集まっています。仕事がうまくいかないとか、日本人と喧嘩ばかりとか、仕事でいじめられているとか、ベトナムのお父さんが亡くなったとか、そういうときに皆が来ています。お寺とは言えないですが、グループとして活動しています。

ストーリー・ライン	来日前、仏教寺院への定期的な参拝習慣を有し、仏縁による教化で仏教に出遇った喜びを得ていた。しかし、来日後、寺院への参拝機会の喪失により、苦悩を誰とも共有できない日々を送っていた。地域仏教寺院への参拝願望を持つものの、日本の寺院の参拝作法に精通していない不安感や日本語能力に対する自信のなさから、地域仏教寺院への参拝に対するためらいを抱いていた。その中、ベトナム人仏教徒との出会いをきっかけにベトナム仏教法要への誘いを受けた。法要参加にあたり、日本人僧侶との言語の壁への懸念を抱くが、法要の意味理解に必須のベトナム人僧侶の存在があり、多くのベトナム人との協働活動への期待を持ち、地域仏教寺院への参拝に対するためらいよりも、異国でのベトナム仏教法要参加への喜びが勝った。地域仏教寺院住職の利他的思考やベトナム人ボランティアの協働活動により法要が可能となった。この法要では、ベトナム人との苦悩の共感体験により、異国でのベトナム仏教法要実施の素晴らしさに対する気づきを得るとともに、自身の中の仏教の社会貢献的な活動に対する動機の芽生えを感じた。また、地域仏教寺院住職の利他的思考により、地域仏教寺院に対する認識の変容が生まれるとともに、日本の寺院での信仰可能性への気づきを得た。この法要後は、ベトナム法要参加で生まれた同朋とともに、信仰の機会創出の活動を始めることとなった。ここでは、ベトナム人への仏教関連行事創出の継続的な活動を行っているが、仏教関連活動へのベトナム人の自発的な参加につなげられたことで、ベトナム人仏教徒同士の繋がり強化への貢献を果たせている。また、ベトナム人僧侶の来訪で、ベトナム人僧侶との交流による苦悩の解放を得られている。ベトナム仏教法要後の信仰としては、自身の居住地のベトナム仏教寺院建立への願いを抱きつつ、悲嘆を抱いたベトナム人仏教徒とともに、宗教施設の代替の場での信仰を行っている。
理論記述	・来日前、仏教寺院への定期的な参拝習慣を有し、仏縁による教化で仏教に出遇った喜びを得ている。／・来日後、寺院への参拝機会の喪失により、苦悩を誰とも共有できない日々を送る。／・地域仏教寺院への参拝願望を持つものの、日本の寺院の参拝作法に精通していない不安感や日本語能力に対する自信のなさから、地域仏教寺院への参拝に対するためらいを抱いている。／・ベトナム

<1> テクスト中の注目すべき語句	<2> テクスト中の語句の言いかえ	<3> 左を説明するようなテクスト外の概念	<4> テーマ・構成概念（前後や全体の文脈を考慮して）	<5> 疑問・課題
日本のお寺でベトナム法要が体験したい／友達が欲しい／親のためにお祈りしたい／法要で色々勉強になる／ Facebook	日本の寺院でベトナム仏教法要に参加したい／友人を作りたい／親のために祈りたい／仏教を学びたい／ SNS	親のために行う祈願／参加動機／新たな出会い／仏教に対する勉学意欲／情報源としての SNS	新たな人間関係構築／仏教の信仰継続／日本仏教への関心／ SNS で知り得た情報	
お姉ちゃんがお寺に行って勉強したことを教えてくれました／お姉ちゃんが私にお寺に行ったらいいですよと教えてくれました／お寺に来て／お坊さんにいいことを教えてもらって／仏教が気に入った	姉から仏教を教わる／姉から寺院参拝を勧められる／ベトナムの寺院で僧侶から仏教を教わった／仏教徒になる	兄弟による仏教の教化／始めた寺院参拝／篤信	家族から勧められて始めた仏教寺院への参拝／仏教の信仰心の深まり	
日本に来て／習慣が違います／お寺に全然行かなかった／お寺が見つからなかった／ちょっと寂しかった	来日後寺院に行っていない／習慣の違いが理由／寺院に行けずに寂しかった	日本の寺院の参拝作法や習慣／自身のなさ／参拝に対する躊躇／寂寥感	日本の寺院の参拝作法に精通していない不安感／地域仏教寺院への参拝に対するためらい／寺院へ行けない寂しさ	
毎日お寺に通って／ベトナムのお寺は毎日開いています／みんな集合して祈願／お経を読んで／お坊さんと	毎日寺院へ参拝／ベトナムの寺院は毎日開放／多くで集まり僧侶とともに経典をよむ	連日の読経や参拝／開かれたベトナムの寺院	入りやすいベトナム仏教寺院／毎日寺院に参拝し読経した習慣	
習慣が違います／日本のお寺に入るのは難しい／よく聞いていた／なかなかお寺に行けなかった	日本の寺院には入れないことはベトナムでも有名だった／寺院へ行けない日々	寺院に遠慮する思い／知り得た日本の寺院の敷居の高さ	地域仏教寺院への参拝に対するためらい／ベトナムで耳にしていた地域仏教寺院の敷居の高さ	
お寺に来たら自分の心が安心します／祖先と両親のことをお祈り／感謝	寺院に参拝すると安心する／先祖と両親に手を合わせる／感謝を伝える	安堵感／信仰／祖先崇拝行為／親への報恩感謝／宗教施設	心の拠り所／先祖崇拝と親への謝意行為の実現	
ベトナムから持ってきた仏教の本を読んで／お祈り	ベトナムから持参した経典をよむ／祈り	信仰生活／仏教経典の読誦／祈願	自宅で自身だけでの信仰／心の中で行う祈り	
ベトナム法要のことを見つけた／嬉しかった	ベトナム仏教法要を知り嬉しい気持ちになる	法要参列／仏縁の喜び	仏教法要参加の喜び	

B

番号	発話者	テクスト
1	B	(Q: ベトナム法要に参加しようと思ったきっかけは何ですか) 日本のお寺でベトナム法要が体験したいし、友達が欲しいし、遠いところに住んでいるので親のためにお祈りしたいし、法要で色々勉強になると思っていました。 (Q: どのようにして法要のことを知ったのですか) この法要を知ったのは、知り合いからの Facebook の投稿です。
2	B	(Q: もともと 仏教徒だったんですか) 2010 年からです。それまで仏教とかお寺のことはあまり知りませんでした。2010 年にお姉ちゃんが仏者になって、お姉ちゃんがお寺に行って勉強したことを教えてくれました。お姉ちゃんがお寺に行って、お坊さんから何か教えてもらって、それが自分のお姉ちゃんの役に立ちました。それで、お姉ちゃんが私にお寺に行ったらいいですよと教えてくれました。それで 1 回行ってみたいなと思って、その後お寺に来て、どんどんどんどんお坊さんにいいことを教えてもらって自分に役に立つようにしています。それであの仏教が気に入ったんですよ。
3	B	(Q: 日本に来てから法要のことを知るまでの 1 年間はお寺には行ってないのですか) そうですね。日本に行って、あの習慣が違いますのでその時はお寺に全然行かなかった。 (Q: その時の気持ちはどうでした) いつもお寺に来るのが好きだから、お寺が見つからなかったから、ちょっと寂しかったです。
4	B	私はベトナムにいた時毎日お寺に通っていました。ベトナムのお寺と日本のお寺の習慣が全然違います。ベトナムでのお寺は毎日開いていますよ。夜になると皆集合して祈願しています。お坊さんが書いたお経を読んでお祈りしています。 (Q: 皆でお経を読んでいたということですか) そうですね、仏様の前でお坊さんとみんなで読んでいました。8 時か 8 時 30 分に始めて、30 分～ 1 時間していました、毎日。
5	B	(Q: 日本に来て 1 年間はお寺が見つかりませんでしたか) 見つかったお寺がありましたが、日本とベトナムは習慣が違いますので…。日本へ来る前にベトナムで日本語の勉強していた時、日本のお寺に入るのは難しいですとよく聞いていたんですよ。お寺は見つかったんですけど、入ると迷惑をかけたらよくないと思ってなかなかお寺に行けなかった…。なんか、毎日日本のお寺は空いてないから…。
6	B	(Q: お寺ってどういう存在ですか) お寺に来たら自分の心が安心します。ベトナム人の習慣の親孝行というのをいつも心に入れています。祖先と両親のことをお祈りして、感謝して、お寺でお祈りしています。
7	B	(Q: 日本に来てお寺に行けなくて、どうやってお祈りしてました) ベトナムから持ってきた仏教の本を読んで、心を落ち着かせてお祈りしています。見せてあげましょうか。この本です。 (Q: 家で毎日読んでるんですか) たまに読んでますね。お仕事が忙しいので、今はほとんどあの週末に読みます。
8	B	(Q: ベトナム法要のことを見つけた時はどんな気持ちでしたか) 嬉しかったです。例えば、私 あの 今 あの将来の道を見つからなくて、見つかったら嬉しいのと同じような感じですごく嬉しいです。

	<1> テクスト中の注目すべき語句	<2> テクスト中の語句の言いかえ	<3> 左を説明するようなテクスト外の概念	<4> テーマ・構成概念（前後や全体の文脈を考慮して）	<5> 疑問・課題
	ベトナムのお坊さんがいらっしゃったからだいたい同じ／お坊さんは儀式ができます／ほかの国でも良い／伝達できて	ベトナム人僧侶の存在／再現されている／儀式を執り行える僧侶／伝達できれば僧侶はベトナム人に限らなくても良い	仏教僧侶の存在によるオーセンティックな法要／意味伝達の条件を満たせば可能な他国僧侶の法要執行	ベトナム人僧侶の存在／高い再現性／仏教や法要の意味の伝達が可能であること／ベトナム人僧侶に限る必要性のなさ	
	親と先祖に感謝することができました	親と先祖へ感謝することができた	祖先崇拝／親への報恩感謝	先祖崇拝と親への謝意行為	
	ベトナム法要に参加する前は友達はいませんでした／皆バラバラ	ベトナム仏教法要参加するまで友人はいなかった／皆バラバラにすんでいる	同郷の繋がりのない孤立無援の現状／同郷間での人間関係の創出	交流機会がなく構築できなかったベトナム人同士の人間関係	
	Facebookのメッセージにグループ／兄弟みたいな感じ／困ったことがあったら／生活のこととか／手伝い合っています	SNSで繋がった／家族のような関係／生活などで困ったことがあったら助け合う	ソーシャルメディア／絆／助け合い	新たに創出されたSNS上でのベトナム人同士の繋がり／ベトナム人同士の共助関係	
	日本人との繋がり／法要を通じ知り合いが多くなって／日本のお寺に行く機会ができました／仏教の教えの実践方法とかを聞きに行っています	地域仏教寺院へ行く機会が生まれた／仏教について学びに行っている	地域仏教寺院への参拝習慣／日本人と参加する講／生まれた仏縁	新たに生まれた日本人や地域仏教寺院との関係性／日本人で行う仏教の勉強会への参加／仏教の享受の機会	

	行為の実現を得て、仏教法要参加の喜びを抱いた。仏教や法要の意味伝達が可能であることを満たせば、ベトナム人僧侶に限る必要性のなさを感じた。交流機会がなく構築できなかったベトナム人同士の人間関係は、新たに創出されたSNS上でのベトナム人同士の繋がりにより、ベトナム人同士の共助関係が構築されている。法要後の信仰としては、心の中で行う祈りを通じて、自宅で自身だけでの信仰を基本的に行っている。新たに生まれた日本人や地域仏教寺院との関係性により、日本人で行う仏教の勉強会への参加を通じて、仏教の享受の機会を得ている。

番号	発話者	テクスト
9	B	(Q: ベトナム法要に参加して、どうでしたか) その時はすごく嬉しかったんですよ。ベトナムのお坊さんがいらっしゃるからだいたい同じでした。 (Q: ベトナム人のお坊さんの存在は重要ですか) そうですね。お坊さんは儀式ができます。普通の人はできないので、必要です。お坊さんは、ベトナム人かほかの国でも良いと思います。重要なことは皆さんに伝達できて、法要の意味が分かるようにされて、法要後に皆の心の中に何か残せることです。
10	B	(Q: ほかにはどんな感想を持っていますか。) 法要の時に、親と先祖に感謝することができましたので、それも嬉しかったです。親にお祈りできるから嬉しかったです。あと、友達がいっぱいになって、みんな仲良くになって本当に嬉しかったです。
11	B	(Q: ベトナム 法要に参加してベトナム人の友達が増えたんですか) はい、そうです。ベトナム法要に参加する前は友達はいませんでした。皆バラバラで、全然知りませんでした。 (Q: 知り合うチャンスがなかったですか) 全然知り合いません。3人で日本に来たんですけど、3人とだけ一緒に住んでいます。他の人は知りません。同じ職場にベトナム人が3人だけ。法要に皆来て、その時仲良くになって友達になりました。 (Q: その友達っていうのは技能実習生ですか) 技能実習生や留学生やエンジニアですね。
12	B	(Q: 友達ができて何か変わりましたか) 友達ができたあとは、皆が Facebook のメッセージにグループを作って、どんどんどんどんもっともっと仲良くなって、なんか兄弟みたいな感じかなあ。例えば私が困ったことがあったら、その友達に連絡して「僕が困っているので、手伝ってもらえませんか」と言って、その人ができたら手伝ってくれます。できなかったら別の人に連絡してくれます。 (Q: 例えばどんなことを相談したんですか) ビザを取るとき、書類で分からない時。電車の乗り方とか、生活のこととか、だいたい日本に住む外国人が困っていることを聞きます。私はないけど、倒産とかで困っている人がいます。私やみんな、その友達にあの連絡して、手伝い合っています。
13	B	(Q: 日本人との繋がりはできましたか) はい、法要を通じて、知り合いが多くなって、日本人との関係もできました。その仏教法要に参加しなかったら日本人との関係はあまりなかったと思います。 (Q: このベトナム法要に参加した後、信仰の場について変化はありましたか) 今はコロナで行く機会はないですが、法要の後に日本のお寺に行く機会ができました。ベトナム法要をしたお寺です。仏教の解釈とか仏教の教えの実践方法とかを聞きに行っています。日本人ともそこで知合いました。

ストーリー・ライン	来日前、家族から勧められた仏教の信仰と寺院への参拝であるが、毎日参拝し読経した習慣により、仏教の信仰心の深まりを得た。来日した後は、心の拠り所であり先祖崇拝と親への謝意行為の実現のできる仏教寺院を求めるが、入りやすいベトナムの仏教寺院とは違いベトナムで耳にしていた地域仏教寺院の敷居の高さや日本の寺院の参拝作法に精通していない不安感から地域仏教寺院への参拝に対するためらいを抱き、寺院へ行けない寂しさを感じていた。その中、SNSで知り得た情報により、仏教法要参加の喜びを抱いた。法要参加の目的は、新たな人間関係構築、仏教の信仰継続、日本仏教への関心である。ベトナム人僧侶の存在による高い再現性があり、先祖崇拝と親への謝意

	日本人で行う仏教の勉強会への参加を通じて、仏教の享受の機会を得ている／・法要後の信仰としては、心の中で行う祈りを通じて、自宅で自身だけでの信仰を基本的に行っている
さらに追究すべき点・課題	

SCAT（Steps for Coding and Theorization）を使った質的データ分析
2019.3.26
SCAT WEB site からのダウンロードフォーム scatform1.xls
http://www.educa.nagoya-u.ac.jp/~otani/scat/scatform1.xls

理論記述	・来日前、家族から勧められた仏教の信仰と寺院への参拝であるが、毎日参拝し読経した習慣により、仏教の信仰心の深まりを得る／・来日後は、心の拠り所であり先祖崇拝と親への謝意行為の実現のできる仏教寺院を求める／・入りやすいベトナムの仏教寺院とは違いベトナムで耳にしていた地域仏教寺院の敷居の高さや日本の寺院の参拝作法に精通していない不安感から地域仏教寺院への参拝に対するためらいを抱き、寺院へ行けない寂しさを感じている／・SNSで知り得た情報により、仏教法要参加の喜びを抱く／・法要参加の目的は、新たな人間関係構築、仏教の信仰継続、日本仏教への関心である／・ベトナム人僧侶の存在による高い再現性がある／・先祖崇拝と親への謝意行為の実現を得て、仏教法要参加の喜びを抱く／・仏教や法要の意味伝達が可能であることを満たせば、ベトナム人僧侶に限る必要性のなさを感じている／・交流機会がなく構築できなかったベトナム人同士の人間関係は、新たに創出された・SNS上でのベトナム人同士の繋がりにより、ベトナム人同士の共助関係が構築されている／・新たに生まれた日本人や地域仏教寺院との関係性により、

	<1> テクスト中の注目すべき語句	<2> テクスト中の語句の言いかえ	<3> 左を説明するようなテクスト外の概念	<4> テーマ・構成概念（前後や全体の文脈を考慮して）	<5> 疑問・課題
	ベトナム法要に／友達もいなかった／病気みたいになり／人間関係でもストレス／Facebook／Tさん／ベトナムの仏教会を見つけました／誘ってくれました／司会をして／いい思い出を作りたい	友人のいない生活／病気になる／人間関係がうまくいかないことの悩み／SNS／あるベトナム人仏教徒／ベトナム人の仏教関連のグループを見つけた／法要への誘いを受ける／司会依頼を受ける／思い出作り	孤立無援／ソーシャルメディア／対人関係ストレス／重要な他者／仏教コミュニティ／仏縁／法要への誘い	孤独な生活や人間関係の苦悩を解決したい気持ち／SNSで見つけた仏教コミュニティ／ベトナム人仏教徒との出会い／ベトナム仏教法要への誘い	
	ストレスとか仕事の疲れとか解消	ストレスや疲れを緩和する	ストレス解消効果を持つ法要	精神的疲労の緩和	
	Tさんのおかげ／日本人と話す機会もありました／日本語が上手になって／ベトナム人と日本人の文化の交流会とかにも行って	感謝／日本人と話す機会を得る／日本語力が上達／様々な交流会への参加	日本語能力への高いビリーフ／宗教コミュニティの受入れ／献身的な仏教徒ベトナム人への謝意／広がるネットワーク	日本語能力に対する自信／サポートしてくれたベトナム人仏教徒への感謝の念／仏教徒コミュニティからの受容／仏教とコミュニティでの交流	
	仏教徒／ベトナム／いつもお寺にお参り／月に1度	仏教を信仰している／ベトナムでは寺院へ行っていた／定期的	ベトナムでの参拝習慣／信仰生活	寺院への習慣的な参拝	
	仏様がいると思って信じて／祈って／健康とか／友達に出会います	仏の存在を信じる／健康などを祈る／友人との出会い	信心／祈願／ネットワーク	信仰心を持って行う仏への祈り／参拝者との繋がりの創出	

C

番号	発話者	テクスト
1	C	(Q: ベトナム法要に参加しようと思ったきっかけは何ですか) 日本に来て2年間ぐらいあまり遊びに行かなかったので友達もいませんでした。2年間ぐらい日本語も話せなかったし、本当に病気みたいになりました。職場で日本人と毎日仕事をしましたけど、会話はうまくできなかったので、仕事も人間関係でもストレスがありました。だから、その時 Facebook を探して、T さんのグループのベトナムの仏教会を見つけました。T さんに連絡したら、応援してくれて、ベトナムのお盆に来るように誘ってくれました。T さんのことを知ったのは 2017 年の年末で、ベトナムの正月の行事をすると思っていました。その時、私は正月で歌ったり踊ったり練習して、ベトナム人で行いました。T さんは皆さんと仲良く、繋がっていて、お盆のベトナムのブーランのことを計画立てていました。T さんが「C さん今年はもう帰るなんですから、できれば司会をして」と言ってくれました。いい思い出を作りたいと思って、司会をしました。 (Q:T さんとはいつどこで知り合ったのですか？) 2017 年の年末に Facebook で知りました。その時 T さんはベトナム人の方のボランティアのこととかしていました。事故とか病気で亡くなった人も、いっぱいいるので…。お金がなくて帰国できなかったり…。ベトナム人にも募金してて、ボランティア活動をしてて、その時に T さんのグループを見つけました。
2	C	T さんはお寺の M 先生を知っていました。ベトナム人たちがほとんど交流はなかったです。公園とかで集まれるけど、不便ですよ。例えば雨とか台風来る時とか。ブーランは大切な行事ですが、公園とかでは行えないので、T さんが知り合いに頼んでいて、ベトナム人達が集まったり交流したりする場所を探していました。その法要で皆さんは、ストレスとか仕事の疲れとか解消できて、良かったと思います。
4	C	2 年間技能実習生の時に日本語をほとんど話せなくて、2017 年の年末に Facebook で T さんを見つけて、連絡したら、半年後ぐらいかな 2018 年の 9 月のベトナム法要で司会をしませんかって言われたんですね。 (Q: その間、ずっと T さんに色々相談してたんですか) はい、T さんのおかげですよ。今私が日本語が話せるのも T さんのおかげです。 (Q: 何でですか) だって、その時 、「T さん、私は日本語がなかなか話せない」と言ったら、「大丈夫ですよ。正しくても違っていても話してみて。分からなかったら私に聞いて。私は教えてあげるから」と T さんが言ってくれました。そして、T さんは日本人の友達も多いので、T さんが紹介してくれて、日本人と話す機会もありました。だから私も頑張らないといけないかなと思って、いつの間にか日本語が上手になっていました。 (Q: 年末に T さんと知り合ってから色々と広がっていった感じですか) そうです。ベトナム人と日本人の文化の交流会とかも行っていて、私もついでに参加しました。
5	C	(Q:C さんは仏教徒ですか) そうです、仏教徒です。ベトナムにいた時はいつもお寺にお参りに行っていました。例えば 忙しくなかったら、1 ヶ月に 2 回くらい。でも仕事が多かったので、多分 2、3 ヶ月に 1 回ぐらいかな。なので、だいたい月に 1 度くらいです。
6	C	(Q: お寺に行く目的は何ですか) 皆さんも同じかな。仏様がいると思って信じているので、お寺にお参りに行って、祈ってるんですよ。健康とか、不安なこととかも順調にうまくできるようになってほしいと願って、行きます。ついでに、お寺で、他の人にも、友達に出会いますよ。ベトナムではそれはなんかあんまりなかったけど、日本に来た時はお寺に参る時はなんかベトナム人とか日本人とかも 出会ったら友達になれるようになってるんですよ。

	<1> テクスト中の注目すべき語句	<2> テクスト中の語句の言いかえ	<3> 左を説明するようなテクスト外の概念	<4> テーマ・構成概念（前後や全体の文脈を考慮して）	<5> 疑問・課題
	仏教徒／きっかけ／お母さん／Tさんが応援	仏教徒になったきっかけ／母親／あるベトナム人仏教徒からの応援を受ける	母からの教化／宗教コミュニティからの受容感	母親の影響で興味を持った仏教／仏教徒ベトナム人コミュニティからの受容	
	日本でお寺に行きたい／どこへ行けば良いか分からなかった／日本語が話せないから自信も持ってない／日本人に話しかけられたら／怖くてなかなか行けない	日本の仏教寺院に対する思い／行きたいがどうすればよいか分からない／日本語に自信がない／日本人に話しかけることが怖い	仏教でのカルチャーショック／寺院参拝への躊躇／日本語へのビリーフの低さ	地域仏教寺院への参拝に対するためらい／日本語能力に対する自信のなさ	
	そこへ行ったら／性格も明るくなるかもしれない／友達もあまり多くない／工場でばっかり働いて／すごく寂しかった／日本語が話せない／人間関係も悪くなって	寺院へ行きたい／変わるかもしれない／友人が少ない／仕事漬け／寂しい思いを抱く／日本語力が低い／良好な人間関係を築けない	職場での孤立無援／仕事漬けの毎日／日本語能力の低いビリーフ／宗教への希求／重度の対人関係ストレス	仕事漬けで抱く孤独感／寺院参拝への願望／日本語能力の低さ／日本人との人間関係構築の難しさ	
	お寺のM先生のおかげ／ベトナム人と交流できるようになった／皆と知り合って	地域仏教寺院の僧侶に感謝／ベトナム人との交流が可能となった／知り合いが増える	仏縁によるベトナム人ネットワークの広がり／寺院住職への謝意	地域仏教寺院住職に対する感謝の念／ベトナム人同士の繋がりの創出	
	技能実習生／性格が合わなかった／喧嘩／きつい／ストレス／交流会／全然なかった／日本語／自分で勉強するしかない	技能実習生の生活／人間関係で悩む／ストレスフル／交流機会がない／日本語を学ぶ機会もない	技能実習生の苦悩／日本人との交流の欠乏／日本語学習機会の喪失	職場での人間関係構築の難しい生活／外部との交流や日本語学習機会の環境の不足	

番号	発話者	テクスト
7	C	(Q: ベトナムにいたときに仏教徒になったきっかけは何かあるんですか) お母さん。お母さんは色々なお念仏を唱えたり、お寺にお参りに行っています。お母さんから「人生毎日有意義に暮らすのは大切です。人に手伝ってあげたら、他の人が手伝ってくれるし、他の人に何か手伝ったらそれは幸せですよ」とお母さんからよく言われています。私、そう思いますよ。例えば、何か困っている人に何か手伝ったら、その後なんか嬉しく感じます。日本に来て、考えの同じ人とかたくさんいると思います。一人なら凄いことはできないけど、例えば 私の場合、また日本に来て例えばTさんに会わなかったら、Tさんが応援したり何か教えてくれなかったら、多分私は今は日本に戻ることを考えなかったんですよ。でも手伝ってくれて なんかTさんが私を手伝ってくれるので、私は何か別の人に手伝ってあげたいかなと思っているんですよ。いいことをした方がいいとか、それが仏教の教えかなと思います。
8	C	(Q:Tさんと出会う前、日本でお寺に行きたいと思ったことありますか) はい、あります。でもどこへ行けば良いか分からなかったんですよ。日本語が話せなかったし、情報もあまり多くなかったし…。日本語が話せないから自信も持ってないし…。なかなか近くのお寺に参りに行っても、自信がないから、例えば 日本人に話しかけられたら、なんかどんな風に答えたらいいかなと思ったら、怖くてなかなか行けなかったんですよ。
9	C	(Q: 行けなくてどんな思いでしたか) その時は、例えばそこに行ったら、友達がいたら、性格も明るくなるかもしれないけど、ずっと工場でばっかり働いていて、友達もあまり多くないし、その時すごく寂しかったです。うつ病の時期もあったんです。ベトナムにいた時は、明るい人だと皆さんに言われていましたが、日本に来てからなかなか人間関係も悪くなっていって…。日本語が話せないせいか、交流もあまり多くなかったし、仕事とか人間関係とか、色々なせいで私の性格に影響していました。
10	C	(Q: 変われたのはいつですか) Tさんに会ってから、少しずつ変わりました。例えば、昔は日本人と話すのが嫌でしたが、もうなんかすごく変わっていて、日本人と会ったらすぐ話しかけたいです。おとなしい人でしたが、おしゃべりの人になりました。 (Q:Cさんみたいに日本に来てなんかずっとストレスを抱えていて、このベトナムの法要で変わった人って他にいますか) たくさんいますよ。技能実習生とかだけじゃなくて、留学生たちもいますよ。なんか前に2人、3人ぐらいかな。日本に来て留学することって勉強するのが目的の人も、仕事も何か、色々なことをやっていましたが、自殺したかった人もいました。けど、でも交流会に参加して、皆さんがその状況を知ってすぐ連絡して、その人は色々話したことで考えも変わりました。
11	C	(Q: この法要は本当に良かったんですね) そうですね。お寺のM先生のおかげですね。ベトナム人と交流できるようになったし、ストレスを解消するために皆が聞きます。それが良かったんですよ。例えば何か誰か困っている人たちが、後ろ向きに考える人たちがいても、状況が変わるかもしれません。例えばベトナム人たちの交流会がなかったら、自殺したかもしれないけど、で皆と知り合って、応援して、話し合って、それで前向きになっていきます。それが良かったんですね。
12	C	技能実習生は、例えば、日本に来て性格が合わなかったら、毎日そんな方に会って、繰り返して喧嘩になる人もいますよ。喧嘩する事とか自殺とかたくさんあります。職場や寮で…。技能実習生は日本に行く前に契約して、日本に来てから一緒の寮にずっと住みますよ。ベトナムなら性格合わない場合は別の寮に移動できるけど、日本は性格が合わなくても3年間ぐらい一緒に住むことはもう決まっていますから…。 (Q: それはきついですね) そうですね。時々誰かと話したいなと思っていても、人がいないからもっともっとストレスもありました。最近は技能実習生の交流会がありますが、私が日本にいた時は全然なかったんですよ。例えば留学生なら学校から色々な活動を紹介してくれるけど、技能実習生たちには全然それがないんですよ。ほとんど、仕事をしています。日本語を勉強したくても、自分で勉強するしかないんですよ。

	<1> テクスト中の注目すべき語句	<2> テクスト中の語句の言いかえ	<3> 左を説明するようなテクスト外の概念	<4> テーマ・構成概念（前後や全体の文脈を考慮して）	<5> 疑問・課題
	日本人の知り合い／ベトナム法要で／日本の方もいらっしゃいました	ベトナム仏教法要で知り合った日本人	日本人とのネットワーク構築	ベトナム仏教法要で生まれた日本人との繋がり	
	日本語が分からない／誤解を招いて／日本のことが嫌いになりました／法要を通じて／日本人と話す／日本のことが好き	日本語力が低い／誤解によりトラブル／日本に対する印象の変化／法要で日本人と話す／日本に対する印象の好転	日本語能力／ビリーフ／対人関係ストレス／イメージ変容	日本語能力の低さ／日本人との人間関係構築の難しさ／日本に対する嫌悪感／日本人との良好な関係性により変容した日本に対するイメージ	
	日本人に受入れられる／簡単ではありません／ベトナム人の犯す事件／印象も悪く	日本社会に受入れられる／容易ではない／ベトナム人による犯罪／印象悪化	異国での受容感／イメージ／外国人犯罪	日本社会に受容されることの難しさ／ベトナム人のイメージの改善の必要性	
	毎晩念仏をするだけ／大切なのは心の中に仏教の信仰を持つこと	寺院に行く機会はない／毎晩自宅で念仏をあげる	変わらぬ信仰生活／不満のない環境	変化のない信仰環境／納得した自宅での信仰	

	参拝に対するためらいを抱いていた。孤独な生活や人間関係の苦悩を解決したい思いを持っていたところ、SNSで見つけた仏教コミュニティのベトナム人仏教徒との出会いを得た。このベトナム人仏教徒との出会いを通じて、仏教徒ベトナム人コミュニティからの受容を得て、ベトナム仏教法要への誘いを受けることとなった。仏教とコミュニティでの交流を通じて日本語能力に対する自信を得るとともに、サポートしてくれたベトナム人仏教徒への感謝の念を抱いている。また、法要を通じて、精神的疲労の緩和やベトナム人同士で悩みを共有する繋がりの創出を生み出した地域仏教寺院住職に対する感謝の念を抱いている。ベトナム仏教法要で生まれた日本人との繋がりが新たに生まれるとともに、日本語能力に対する自信を得て、日本に対する嫌悪感がなくなり、日本人との良好な関係性により日本に対するイメージの変容が起こった。しかし、日本社会に受容されることの難しさは拭えず、ベトナム人のイメージの改善の必要性を感じている。ベトナム仏教参加後、変化のない信仰環境ではあるものの、納得した自宅での信仰生活を送っている。
さらに追究すべき点・課題	

SCAT（Steps for Coding and Theorization）を使った質的データ分析
2019.3.26
SCAT WEB site からのダウンロードフォーム scatform1.xls
http://www.educa.nagoya-u.ac.jp/~otani/scat/scatform1.xls

番号	発話者	テクスト
13	C	(Q: 法要後に日本人の知り合いはできましたか) はい、ベトナム法要でベトナム人だけでなく、日本の方もいらっしゃいましたから、皆と話して、日本人とつながりました。
14	C	(Q: 日本人との繋がりができて、気持ちに変化はありましたか) 日本に来た時、最初の2年間は日本語が分からないせいで友達もいないし、日本人と話すことができなかったから、色々な誤解を招いてしまいました。それで、日本のことが嫌いになりました。でも、Tさんのおかげで、法要を通じて、日本人と話す機会が多くなって、皆さんと話しているうちに日本のことが好きになりました。それで、日本へ留学しに戻ってきました。
15	C	(Q: 日本人に受入れられたという感じですか) いえ、日本人に受入れられるのは簡単ではありません。現在はもっと難しいと思います。最近ベトナム人たちが犯す事件が多いので、ベトナム人の印象も悪くなります。日本人に受入れられるために、言うだけではなく頑張らないといけないと思います。
16	C	(Q: このベトナム法要に参加した後、信仰の場について変化はありましたか) 毎晩念仏をするだけです。今でも毎日寝る前に念仏をしています。仏教の信仰はいつもお寺に参るわけではありません。ベトナムでは仏教徒も、忙しい時はお寺に参る代わりに家で念仏をしている人もいます。大切なのは心の中に仏教の信仰を持つことです。

ストーリー・ライン	来日前、母親の影響で興味を持った仏教であるが、寺院への習慣的な参拝では、信仰心を持って行う仏への祈りの機会を得ていた。来日後、外部との交流や日本語学習機会の不足を感じるとともに、日本語能力の低さによる日本人との人間関係構築の難しさ、職場での人間関係構築の難しい生活環境や仕事漬けで抱く孤独感により、日本に対する嫌悪感を抱くようになった。参拝者との繋がりの創出を求めて寺院参拝への願望を持つが、日本語能力に対する自信のなさから、地域仏教寺院への参拝に対するためらいを抱いていた。孤独な生活や人間関係の苦悩を解決したい思いを持っていたところ、SNSで見つけた仏教コミュニティのベトナム人仏教徒との出会いを得た。このベトナム人仏教徒との出会いを通じて、仏教徒ベトナム人コミュニティからの受容を得て、ベトナム仏教法要への誘いを受けることとなった。仏教とコミュニティでの交流を通じて日本語能力に対する自信を得るとともに、サポートしてくれたベトナム人仏教徒への感謝の念を抱いている。また、法要を通じて、精神的疲労の緩和やベトナム人同士で悩みを共有する繋がりの創出を生み出した地域仏教寺院住職に対する感謝の念を抱いている。ベトナム仏教法要で生まれた日本人との繋がりが新たに生まれるとともに、日本語能力に対する自信を得て、日本に対する嫌悪感がなくなり、日本人との良好な関係性により日本に対するイメージの変容が起こった。しかし、日本社会に受容されることの難しさは拭えず、ベトナム人のイメージの改善の必要性を感じている。ベトナム仏教参加後、変化のない信仰環境ではあるものの、納得した自宅での信仰生活を送っている。
理論記述	来日前、母親の影響で興味を持った仏教であるが、寺院への習慣的な参拝では、信仰心を持って行う仏への祈りの機会を得ていた。来日後、外部との交流や日本語学習機会の不足を感じるとともに、日本語能力の低さによる日本人との人間関係構築の難しさ、職場での人間関係構築の難しい生活環境や仕事漬けで抱く孤独感により、日本に対する嫌悪感を抱くようになった。参拝者との繋がりの創出を求めて寺院参拝への願望を持つが、日本語能力に対する自信のなさから、地域仏教寺院への

	<1> テクスト中の注目すべき語句	<2> テクスト中の語句の言いかえ	<3> 左を説明するようなテクスト外の概念	<4> テーマ・構成概念（前後や全体の文脈を考慮して）	<5> 疑問・課題
	ベトナムにいた時／週に2～3回／お寺	ベトナムでお寺に行っていた／定期的に通った	ベトナム在住時の寺院参拝習慣	来日前の寺院への高頻度の参拝習慣	
	日本／忙しくて／月1回／御堂	日本では忙しい／御堂に月1回行く	寺院へ行く時間がない／時間を見つけて吉塚御堂へ参拝する	多忙な毎日による寺院参拝機会の喪失／参拝頻度の高まり	
	日本語学校の先生／紹介／お盆／ボランティア／楽しい／日本人と会って話せ／ベトナムの習慣とかを聞く／日本の習慣についても教えてもらい	日本語学校の先生が紹介してくれた／お盆にボランティアをする／日本人と会話をする／ベトナムの習慣を説明して日本の習慣を教わる	日本語学校教員の介入／寺院の盂蘭盆会での奉仕活動／日本人参拝者とのやり取り／文化相違の説明を通じた交流	所属教育機関との繋がり／寺院で開催される法要でのボランティア活動への参加／日本人参拝者との日越文化の相違点などを話題とした交流	
	お寺と参拝者が温かく／日本人のイメージが変わりました／日本の仏教のスタイル／ベトナムの仏教のスタイル／違う／勉強	お寺の人と参拝者が温かい／日本人のイメージの変化／日本とベトナムの仏教様式の違いが勉強になった	寺院での親切心に逢う／日本人の印象の変転／日越の信仰様式の相違修得	寺院関係者や日本人参拝者の温かさ／日本人に対するイメージの変容／日越の信仰スタイルの違いを習得する機会	
	アルバイト先／同僚の日本人とは仕事のことだけしか話しません／日本人や日本の習慣／分かりません／協力したりしにくかった／お寺／分かりました／参拝者の日本人／教えてくれました／日本語学校／専門学校／教えてくれません／日本人との交流／なかった	アルバイト先の日本人とはあまり話さない／日本の習慣が分からない／協力が難しい／お寺の参拝者の日本人に教わる／日本語学校や専門学校では教わらない／日本人との交流が少なかった	就労中に外国人と話す慣習のない日本人／日本の職場特有の文化習得の困難さ／協力関係構築の困難さ／寺院参拝者からの教授／教育機関での恵まれない習得機会	外国人との接触に消極的な同僚日本人の価値観／職場での人間関係構築の難しさ／寺院参拝者による日本独特な職場文化の教授／日本の習慣を教育機関で教わる機会の少なさ	

資料３－２　第３研究 SCAT 分析シート

A

番号	発話者	テクスト	
1	A	(Q: 仏教徒ですか) はい、ベトナム人はほとんど仏教徒ですね。 (Q: ベトナムにいた時、どれくらいお寺に行っていましたか) 両親と一緒にお祈りをしていました。週に２～３回くらいお寺に行っていました。 (Q: ベトナムでお寺に行くきっかけはあったんですか) 特にないです。両親が行っていたので、付いて行っていました。	
2	A	(Q: 日本に来てお寺に行っていますか) 忙しくて時間がないので行けないですね。時間があるとき、月１回くらいお寺に行っています。吉塚商店街の御堂に行っています。	
3	A	(Q: 吉塚御堂ができる前はお寺に行っていましたか) 西林寺さんのお寺に行っていました。 (Q: いつから行っていたんですか) １年前くらいです。D さんの友達なので、一緒に行っています。D さんが先に Y 住職と知り合いました。D さんは日本語学校の先生に紹介されましたが、私はその時は行っていません。 (Q: D さんからどのように紹介されましたか) お盆の時にボランティアがあると紹介されました。お墓参りの参拝者の案内とか、お寺の掃除をしたりします。 (Q: お寺でのボランティアをしてどうでしたか) とても楽しい体験でした。日本人と会って話せて、とても楽しいです。参拝者は、ほとんどベトナム人と話したことがないので、ベトナムの習慣とかを聞くのを楽しんでくれました。留学生の生活とかを聞かれて、話したり、日本の習慣についても教えてもらいました。	
5	A	(Q: 西林寺さんのお寺に行ったことで、何か変わりましたか) お寺と参拝者が温かくて、日本人のイメージが変わりました。日本の仏教のスタイルとベトナムの仏教のスタイルが違うので勉強になりました。	
6	A	(Q: イメージはどのように変わりましたか) アルバイト先のコンビニでは同僚の日本人とは仕事のことだけしか話しません。日本人や日本の習慣、考え方が分かりませんでしたので、協力したりしにくかったです。お寺に行ったら、習慣とか考え方が分かりました。日本人は、いつも人に迷惑をかけたくないと思っていることや、職場で「報告・連絡・相談」が大切だと教えてもらいました。職場では、外国人だからあまり話してくれませんでしたが、参拝者の日本人を案内している時に色々話していて、そのことを教えてくれました。 (Q: 学校では教わらないのですか) 日本語学校では日本語だけしか教わりません。専門学校ではビジネスやコミュニケーションを教えてくれますが、働き方とか日本の文化とかは教えてくれません。 (Q: 日本人との交流は普段ありますか) 専門学校では学校の友達とはありますが、日本語学校の時はなかったです。	

	<1> テクスト中の注目すべき語句	<2> テクスト中の語句の言いかえ	<3> 左を説明するようなテクスト外の概念	<4> テーマ・構成概念（前後や全体の文脈を考慮して）	<5> 疑問・課題
	仏教のスタイル／ベトナムの仏教のスタイル／違いについて勉強／手の合わせ方が違います	日本とベトナムの仏教様式の違いが勉強になった／祈り方が違う	日越仏教の信仰様式の学習機会	日越仏教の信仰スタイルの違いの習得機会	
	日本人の知り合い／参拝者／日本人の友達／楽しい／これまで／日本人の友人ができませんでした／残念でした	参拝者との交流を通して日本人の友人ができた／楽しさを感じる／お寺でボランティアを始める前には友人がおらず残念だった	日本の寺院参詣の日本人との親交／日本人との信頼関係の確立に対する渇望	地域仏教寺院参拝者との交流で生まれた日本人との繋がり／待望の日本人との友人関係構築に対する歓喜の思い	
	西林寺／1か月に1回／お祈り／Sさんと話したり／信仰／変化／仏様に会って安心／Y住職／ご飯を食べ／日本の仏教について話して	月に1回西林寺へ行く／祈りや住職と会話／仏様に会って安心する／日本の仏教を教わる	近隣寺院への定期的な参詣／異国での信仰による仏の慈悲を感じる／寺院僧侶から日本仏教の教授の時間	地域仏教寺院への定期的な参拝習慣／母国を離れても仏に会うことで得られる安心感／地域仏教寺院住職による日本仏教教授の機会	
	吉塚御堂／安心／雰囲気／ベトナムの習慣に似ている／ベトナム人／集まりやすい／集まったらすぐに入れます／日本のお寺／連絡してから行かないといけない	吉塚御堂は心が安心する／雰囲気がベトナムに似ている／ベトナム人が集まりやすい／入りやすい／日本のお寺は連絡なしには行けない	心の和平／ベトナム寺院に近い様相の伽藍／頻繁の参詣／いつでも気兼ねなくベトナム人同士で利用可能な信仰の場	心の安寧／故郷の寺院と雰囲気の近い御堂／高い頻度の参拝／同郷人で気軽に集える祈りの場	

番号	発話者	テクスト
7	A	(Q: 他に、西林寺さんのお寺に行ったことで、何か変わりましたか) 日本の仏教のスタイルとベトナムの仏教のスタイルが違うので、その違いについて勉強になりました。日本のお釈迦様は同じですが、仏像の外見が違います。あと、日本人とベトナム人の手の合わせ方が違います。
8	A	(Q: 日本人の知り合いはできましたか) お盆の行事や花祭りで会って、ジュースとか水を買ってくれました。その人たちはお墓参りをしたり、参拝者とかです。知り合いになりました。友達ができるのは好きなので、日本人の友達ができて楽しいです。これまで日本に住んでいるのに、日本の友人ができませんでした。お寺でボランティアをして、色々日本人の友人ができました。お祭りで会って話すだけでも楽しいです。日本で勉強してるのに日本人の友人がいなかったのは残念でした。
9	A	(Q: 西林寺さんのお寺にはどれくらい行っていますか) G 住職のお寺には、暇なとき1か月に1回くらい行っています。お祈りをしたり、G 住職と話したりしています。 (Q: お寺に行って、信仰については何か変化がありましたか) 仏様に会って安心します。私たちは母国から離れているので、いつもお釈迦様が近くにいると思うと、安心します。 Y 住職と会って、どうですか とても良いです。時々レストランでご飯を食べますし、日本の仏教について話してくれて、日本の仏教のことが分かりました。
10	A	(Q: 吉塚御堂ができてどういう気持ちですか) 心が安心します。 (Q: なぜですか) 雰囲気がベトナムの習慣に似ているので、安心します。忙しいので週末だけですが、週末にみんなで祈ります。その後話をしたりします。月に3回は行っています。 (Q: 何人くらいで集まっているんですか) ベトナム人5人くらいです。 (Q: 吉塚御堂は何が良いですか) 集まりやすいし、気軽に行けます。 (Q: なぜ集まりやすいんですか) 皆仏教徒だし、集まったらすぐに入れます。みんなで行きやすいし、お祈りもしやすいです。これができて、良く来るようになりました。日本のお寺は、連絡してから行かないといけないですが、吉塚御堂は集まったらすぐに入れて行きやすいです。 (Q: 開眼式には参加しましたか) いえ、授業があったので、ちょっと残念ですが、行けませんでした。 (Q: リトルアジアマーケットには行きましたか) 行きました。日本の古くからの商店と異国のお店が融合して面白いです。食べに行きました。日本にいるけど、色々な国の食べ物や習慣を体験できます。他の国の食べ物を食べたことがないので…。あと、色々な国の言葉を聞けて、面白いです。 (Q: ベトナム料理店については、どうですか) その店はほとんど南部の料理だから、わたしにとってあまり合わないと思います。

	<1> テクスト中の注目すべき語句	<2> テクスト中の語句の言いかえ	<3> 左を説明するようなテクスト外の概念	<4> テーマ・構成概念（前後や全体の文脈を考慮して）	<5> 疑問・課題

	本仏教教授の機会も得られている。／・寺院では、寺院関係者や日本人の参拝者の温かさに触れ、日本人に対するイメージの変容が起こるとともに、地域仏教寺院への参拝者との交流も生まれることとなる。／・寺院で開催される法要でのボランティア活動への参加を通じて、日本人参拝者との日越文化の相違点などを話題とした交流の機会を得られている。／・日本の習慣を教育機関で教わる機会の少なさや、外国人との接触に消極的な同僚日本人の価値観により、日本の職場における独特の文化を習得できずに、職場での人間関係構築の難しさを感じている。／・寺院参拝者による日本の職場独特の文化の教授を受けることとなる。／・地域仏教寺院参拝者との交流で生まれた日本人との繋がりにより、待望の日本人との友人関係構築に対する歓喜の思いを得ることとなる。・吉塚商店街の吉塚御堂は、同郷人と気軽に集える祈りの場であり、故郷の寺院と雰囲気の近い御堂ができたことで高い頻度の参拝や心の安寧を得られている。
さらに追究すべき点・課題	

SCAT（Steps for Coding and Theorization）を使った質的データ分析
2019.3.26
SCAT WEB site からのダウンロードフォーム scatform1.xls
http://www.educa.nagoya-u.ac.jp/~otani/scat/scatform1.xls

番号	発話者	テクスト
		(Q: 北部と南部は違いますか)
		味が違います。南部の方はいつも砂糖を料理にたくさん入れます。甘すぎます。なんにでも入っています。
		(Q: 北部の料理屋さんはないんですか)
		はい、ないので残念です。

ストーリー・ライン	来日前の寺院への高頻度の参拝習慣は、来日後、多忙な毎日による寺院参拝機会の喪失へと転じた。所属教育機関との繋がりにより、仏教寺院への定期的な参拝習慣を得ることとなった。この地域仏教寺院への定期的な参拝習慣により、母国を離れていても仏に会うことで得られる安心感を得られている。また日越仏教の信仰スタイルの違いの習得機会、地域寺院住職による日本仏教教授の機会も得られている。寺院では、寺院関係者や日本人の参拝者の温かさに触れ、日本人に対するイメージの変容が起こるとともに、地域仏教寺院への参拝者との交流も生まれることとなった。寺院で開催される法要でのボランティア活動への参加を通じて、日本人参拝者との日越文化の相違点などを話題とした交流の機会を得られている。日本の習慣を教育機関で教わる機会の少なさや、外国人との接触に消極的な同僚日本人の価値観により、日本の職場における独特の文化を習得できずに、職場での人間関係構築の難しさを感じていた。しかし、寺院参拝者による日本の職場独特の文化の教授を受けることとなった。また、地域仏教寺院参拝者との交流で生まれた日本人との繋がりにより、待望の日本人との友人関係構築に対する歓喜の思いを得ることとなった。吉塚商店街の吉塚御堂は、同郷人と気軽に集える祈りの場であり、故郷の寺院と雰囲気の近い御堂ができたことで高い頻度の参拝や心の安寧を得られている。
理論記述	・来日前の寺院への高頻度の参拝習慣は、来日後、多忙な毎日による寺院参拝機会の喪失へと転じることとなる。／・所属教育機関との繋がりにより、仏教寺院への定期的な参拝習慣を得ることとなる。／・地域仏教寺院への定期的な参拝習慣により、母国を離れていても仏に会うことで得られる安心感を得られている。／・日越仏教の信仰スタイルの違いの習得機会、地域寺院住職による日

	<1> テクスト中の注目すべき語句	<2> テクスト中の語句の言いかえ	<3> 左を説明するようなテクスト外の概念	<4> テーマ・構成概念（前後や全体の文脈を考慮して）	<5> 疑問・課題
	チョウゼヤで働き／御堂とアジアンプラザでもボランティア／みんなで掃除／おじいさんやお婆さんが多い／手伝います／家族みたい	ミャンマー料理屋で働く／御堂や国際交流プラットフォームで奉仕活動をする／高齢者が多い／助け合い／家族のような関係である	ミャンマー料理店への就職／公共施設や宗教施設でのボランティア／高齢化地域／助け合い／安心感のある関係性を築く	外国料理店への就職／御堂や公共スペースでの奉仕活動／高齢者の多い商店街／共助関係／家族のように安心できる関係性の構築	
	ミャンマーのお坊さん／教えてくれ／ミャンマー人が集まって	ミャンマー僧侶が教えてくれる／ミャンマー人たちが集まる	ミャンマー人僧侶の来訪／社交および教化／近隣のミャンマー人が結集する	ミャンマー人僧侶の来訪／交流と教化を目的とした近隣の多くのミャンマー人の集結	
	開眼式／K 会長がしてくれているのは、みんなとても嬉しい／お金も何千万円もかかる／ボランティア／ミャンマー人／ベトナム人／カンボジア人／ネパール人／仏教徒じゃない人もいます	仏様の開眼式でボランティア／K 氏を感謝している／大金／たくさんの国の人と協力して働く／仏教徒だけではない	巨額な資金援助／プロジェクトリーダーへの感謝／奉仕活動員として参加した御堂の開眼法要／仏教徒以外の人も含めた人とも一体感	莫大な金銭的援助／外国人支援に励むプロジェクト代表に対する恩義／仏教徒以外も含めた様々な国籍の人たちとのボランティア活動を通じた団結	

B

番号	発話者	テクスト
1	B	(Q: 仏教徒ですか)
		はい、仏教徒です。
		(Q: いつから仏教徒なのですか)
		生まれた時からおばあちゃんから教えてもらったので、毎日勉強していました。
		(Q: ミャンマーではどのように信仰をしていましたか)
		よくお寺に行ったり、家でお祈りをしたりしていました。あと、お寺でボランティアもしていました。
		(Q: 吉塚御堂ができるまで日本では信仰をどうしていますか)
		お祈りは、お釈迦様のポスターが家にある。それを部屋の一番のところにかけて、水とかご飯とか、テーブルに上に置いて、毎日お祈りをします。夜寝る前にしていました。
		(Q: 商店街に住み始めたきっかけは何だったんですか)
		4 年間福岡市の大橋に住んでいましたけど、お釈迦様が来るタイミングで吉塚に引越しをした。私たちのお釈迦様がやってきたよって嬉しいことで、チョウゼヤさんに聞いて、K 会長からも誘われました。ここで働きたいなら、ここの近くに住んだ方がいいと言われて、部屋とか借りて働いている。
		(Q: ここの商店街ではどんな仕事をしているんですか)
		チョウゼヤで働きながら、御堂とアジアンプラザでもボランティアで働いています。日曜日にグループを作って、みんなで掃除とかして、K 会長が食事を御馳走してくれている。おじいさんやお婆さんが多いので、何かできない時に私が手伝います。私はここで楽しいです。みんなに声をかけたりしているんで、みんな大好きって言ってくれる。仕事を終わって家に帰る時も、豆腐屋さんから豆腐もらったり、焼きそばを昼ごはんにもらったり弁当もらったりして、毎日家に帰っている。家族みたい。お坊さんたちが門司から毎月ここに来るときはK 会長の大きい家に泊まりますが、その掃除の手伝いをしてお小遣いをもらったりしています。2 週に一回お坊さんが来てくれていて、2 人のお坊さんが順番で来ています。
3	B	(Q: ミャンマーのお坊さんが来て何をしてくれていますか)
		私たちの知らないこととか教えてくれたりしています。また、私たちはこれを聞いて、自分で頑張っています。お坊さんはいろんな本を読んでいるから、知らないことを知っています。20 ～ 30 人のミャンマー人が集まっています。ベトナムのお坊さんが来たら、その時は協力したいです。今、ミャンマーの親を失った子供の支援とかに送金したり、服を送ったりしています。ミャンマーだけじゃなくて、いろんな国の人とも力を合わせて支援をしたいです。
4	B	(Q: 開眼式はどうでしたか)
		自分ができないことを K 会長がしてくれているのは、みんなとても嬉しいと思っています。お金も何千万円もかかるから。自分の国からお釈迦様が来るのは嬉しいです。
		(Q: 開眼式で仕事をしましたか)
		私はボランティアを募集して、当日は C さんがボランティアを集めて説明をしてくれて、私は一緒にボランティアの仕事をしました。ベトナム料理の店を案内したり、アジアプラザに案内して飲み物を出したりしました。ミャンマー人が 20 人くらい、ベトナム人が 5 人くらい、カンボジア人が 6 人くらい、ネパール人が 5 人くらいいました。皆さんだいたい仏教徒ですが、仏教徒じゃない人もいます。仏教徒でも、仏教徒じゃなくても、なんでもいいんです。
		(Q: カンボジアやベトナムの仏像とミャンマーの仏像は違いますか？)
		ちょっと違うと思います。お釈迦様の形が違いますが、仏教は同じです。お釈迦様は寝ていたり、立っていたりします。

	<1> テクスト中の注目すべき語句	<2> テクスト中の語句の言いかえ	<3> 左を説明するようなテクスト外の概念	<4> テーマ・構成概念（前後や全体の文脈を考慮して）	<5> 疑問・課題
	商店街で日本人と働く／言葉	商店街で働く上での苦労／言葉の問題	商店街での異文化間協働の障壁／日本語力の未熟さ	商店街で日本人と働く難しさ／言葉の壁	
	日本に来て住む上で、大変なこと／お金／いじめられる／自分の国に帰って／Tさんとオーナーが一緒に電話	日本で住む上での苦労／お金の問題／外国人に対する／ヘイト／帰国するように言われる／商店街の人が助けてくれる	日本居住を困難に感じる／金銭的な苦労／ヘイトスピーチ／商店街の人による庇護	日本居住に対する難しさ／金銭面での余裕のなさ／外国人差別／あからさまな嫌がらせ／商店街の人の擁護	
	周りの日本人が来て、手伝ってくれる／安心／おじいさんとおばあさんしかいない／重い荷物を持って／楽しく過ごして／家族のような感じ	助け合う／安心できる／吉塚は高齢者しかいない／高齢者を支援する／家族のように心を許せる	地域の日本人との互助の関係性／高齢化の進行／安堵する／血縁者のような感覚	近隣の日本人との共助関係／高齢者の多い商店街／家族のような安心感	
	いつも心配してくれます／ここに住んでもらいたい／応援してくれる	いつも気にかけてくれる／永住してもらいたい／励ましてくれる	常時の気遣いを得る／永住を希求する／激励を得る	自分のことを心配してくれる存在／永住に向けた支援や励まし	

番号	発話者	テクスト
5	B	(Q: 商店街で日本人と働く上で大変なことはありますか) 言葉と漢字が難しくて大変なことになっています。包丁とかボールとか、言っている内容が分からなくて、仕事ができない時があります。
6	B	(Q: 日本に来て住む上で、大変なことは何ですか) お金とか、もう一つが悪い日本人に会っていじめられる時です。時々、酔っ払った人にいじめられたりします。吉塚です。警察が捕まえに来ました。店の中に入ってきて、「自分の国に帰ってください！今すぐ飛行機に乗って！」って怒鳴ったりする。いじめられてるって言ったら、Tさん（御堂の管理者）とオーナーさんが一緒に電話してくれた。警察は何もしてくれない…。ミャンマーだったら罰金とか、厳しくしてくれるのに。 (Q: 他に日本人から嫌なことをされたことはありますか) エレベーターの中で、ドアを開けてあげるのがうまくいかなかったら、３人から頭を殴ってきた。だから殴り返して、警察に連れて行かれました。 (Q: 日本で生活するには嫌になりましたか) いや、頑張ったらなんでもできるから、大丈夫です。頑張らないと、お金ももらえないし、欲しいものも買えないでしょ。
7	B	(Q: リトルアジアで働く前と働いた後で変化はありましたか) 前は天神の天ぷらの店で働いていたけど、やめるって言ったら、なんで人がいない時に辞めるのかって言って、店長が給与をくれなかった。ひどい店長でした。そういうこともありました。吉塚のほうがいいです。何かあったら周りの日本人が来て、手伝ってくれるから安心です。 (Q: 吉塚に来る前は日本人との交流はありましたか) イタリアンレストランで働いていた時は、若者ばかり働いていたし、英語も話せるし、みんな良いですね。外国人を差別しないで、一緒にカラオケに行ったり、分からないことを教えてくれたりしました。 (Q: 今はどうですか) 吉塚はおじいさんとおばあさんしかいないので、若者の繋がりはないですね。若者の知り合いもいるので、遊べるし、ここではおじいさんとかおばあさんのできないこととか、重い荷物を持ってあげたり、笑い話をしたりして、楽しく過ごしています。家族のような感じです。前は、若者の繋がりはあったけど、家族のような感じではないです。
8	B	(Q:Y 住職とはどんな関係ですか) 私のことをいつも心配してくれます。私を最後までここに住んでもらいたいと思ってくれています。けど、私は１年後にビザがなくなるから、Y 住職が心配してくれる。どうやったらビザをもらえますかって聞いたりして、応援してくれる。最後に出来ないなら、自分と F 氏が助けるからって応援してくれる。今は特定ビザをもらってるけど、試験に通過しないと、ミャンマーに帰らないといけないし、私は入管が厳しいし、福岡でデモしてるから、捕まる。だから、難民申請しないといけない。あとは、日本人と結婚したらビザもらえるけど、これはあんまりしたくないです。もう一つは、自分の店を作ったらビザをもらえる。 (Q:Y 住職のお寺は行ってみてどうですか) 綺麗で、素敵なところです。けど、ミャンマーではお寺の中に死んでる人を置いていないから、ちょっとこれは逆です。ミャンマーは死んでる人を置いている場所があるから、日本と違います。

	<1> テクスト中の注目すべき語句	<2> テクスト中の語句の言いかえ	<3> 左を説明するようなテクスト外の概念	<4> テーマ・構成概念（前後や全体の文脈を考慮して）	<5> 疑問・課題
	ベトナム人、ネパール人、タイ人、カンボジア人／お祈り／友達／日曜日にお釈迦様の掃除／ネパール人は仏教徒じゃないけど、みんなも手伝ってくれる／クリスチャンもいる	色々な国の外国人／御堂で友人になった／一緒に仏様のお世話をする／ヒンズー教徒／キリスト教徒	他宗教とも協力した仏像への供物の管理や御堂の清掃活動／地域の外国人との関係性／順調な関係	地域の外国人との良好な関係性の構築／他宗教の人も参加する仏像や御堂の掃除等の協力	
	商店街に来る外国人／関係はあんまりない／あまり自分の国のレストランに行かない	商店街を訪れる外国人とはあまり関係を作れない／外国人は自分の国のレストランを使う傾向がない	来店する外国人数の停滞／自国料理店利用の敬遠による難しさ	商店街訪問の外国人との関係性創出の難しさ／自国のレストランを利用しない傾向	
	お客さんに返事をしない店／イメージ悪くなる／K会長に言ったりする／挨拶もしないって思われたらいけない	接客態度が悪い店がある／悪いイメージを持たれたくない／リーダーへの報告	商店街の従来のイメージから脱却への願い／プロジェクトリーダーの指導構造の下／逐一の現状報告	商店街のイメージ向上に対する高い改革意識／全体統括者であるプロジェクト代表への協力姿勢	
	K会長の存在／外国人を応援したい	K会長は外国人に頑張ってもらいたいと思っている	プロジェクトリーダーへの感謝／惜しみなく外国人を後援	外国人支援に励むプロジェクト代表への恩義	
	商店街の色々な外国の店／みんな良い人たち／ベトナム料理店で話しながら食べたり、その人たちも店に来てくれて	商店街の外国人と仲が良い／お互いの店に行ったりしている	商店街の外国人との良好な関係性／互いに訪問し合う	商店街の外国人同士／互いの店を行き来する良好な関係性	

	協力により地域の外国人との良好な関係性の構築がなされている。／・ミャンマー人僧侶の来訪により、交流と教化を目的とした近隣の多くのミャンマー人の集結がなされている。／・外国料理店への就職の後に御堂や公共スペースでの奉仕活動も行う。／・高齢者の多い商店街で近隣の日本人との共助関係が生まれ、家族のように安心できる関係性の構築がなされている。／・言葉の壁から商店街で日本人と働く難しさを有する。／・外国人差別やあからさまな嫌がらせから日本居住に対する難しさを抱く。／・商店街の人の擁護で、家族のような安心感を抱く。／・外国人のことを心配してくれる存在である住職から永住に向けた支援や励ましを受けている。／・外国人は自国のレストランを利用しない傾向があるため、商店街訪問の外国人との関係性創出の難しさがある。／・商店街の外国人同士は、互いの店を行き来する良好な関係性を築いている。
さらに追究すべき点・課題	

SCAT（Steps for Coding and Theorization）を使った質的データ分析
2019.3.26
SCAT WEB site からのダウンロードフォーム scatform1.xls
http://www.educa.nagoya-u.ac.jp/~otani/scat/scatform1.xls

番号	発話者	テクスト
9	B	(Q: 吉塚地域には他に外国人はいますか。その人たちとの関係はどうですか) ベトナム人、ネパール人、タイ人、カンボジア人とかいます。友達になっているかなあと思っています。時々お祈りに来るので、声をかけて自己紹介をして、吉塚商店街で働いていますよ、仏教徒ですかって話しかける。私もお祈りをしますよって言ってくれる。私たちは日曜日にお釈迦様の掃除とかしてるよ、やりたいなら一緒にやりましょうって言ったら、みんなとFacebookでつながって、日曜日に手伝いにきます。仕事があったら、すみません行けませんって連絡がきます。ベトナム人、タイ人、ネパール人です。ネパール人は仏教徒じゃないけど、みんなも手伝ってくれる。日本人も。お釈迦様のご飯についてとか、花の置き方とかをみんなに教えたら、みんなもやり方を見て、色々手伝ってくれる。仏教徒以外の人も手伝ってくれてる。クリスチャンもいる。私も、高校生ぐらいから、イスラム教のモスクとか教会とか、友達と色々遊びに行って、一緒に祈ったりしていた。友達もそうで、私なんでも分けないです。
10	B	(Q: 商店街に来る外国人とはどんな関係ですか) 関係はあんまりないです、コロナなので。足りないものもまだ多いし、外国の調味料とかの店があったほうがいい。外国人はあまり自分の国のレストランに行かない。自分で家で作るから。レストランには日本人が来るほうが多いです。今、みんな香辛料とかは日本で全然買えないから、ミャンマーから買ってる。
11	B	(Q: 吉塚商店街で苦労していることはありますか) お客さんに返事をしない店とか、いらっしゃいませってお客さんに言わない店があったりするから、K会長に言ったりするけど、商店街のイメージ悪くなるからね。吉塚商店街の人は挨拶もしないって思われたらいけないから。
12	B	(Q:K会長の存在ってどうですか) たくさん頑張っている外国人を応援したいって思ってくれてる。ミャンマー人だけじゃなくて。K会長はお金持っているし、自分はあまりいらないって言ってる。
13	B	(Q: 商店街にはいろいろな外国の店がありますが、その外国人たちとはどんな関係ですか) みんな良い人たちばかりです。笑ったり話したり、ベトナム料理店で話しながら食べたり、その人たちも店に来てくれて話したりしています。

ストーリー・ライン	莫大な金銭援助を含め、外国人支援に励むプロジェクト代表に対する恩義を抱き、全体統括者であるプロジェクト代表への協力姿勢を持ち、商店街のイメージ向上に対する高い改革意識を有している。御堂の仏像の開眼式では、仏教徒以外の人も含めた様々な国籍の人たちとのボランティア活動を通じた団結が生まれた。他宗教の人も参加する仏像や御堂の掃除等の協力により地域の外国人との良好な関係性の構築がなされている。また、ミャンマー人僧侶の来訪により、交流と教化を目的とした近隣の多くのミャンマー人の集結がなされている。外国料理店への就職の後に御堂や公共スペースでの奉仕活動も行っている。高齢者の多い商店街で近隣の日本人との共助関係が生まれ、家族のように安心できる関係性の構築がなされている。 しかし、言葉の壁から商店街で日本人と働く難しさを有し、また、外国人差別やあからさまな嫌がらせから日本居住に対する難しさを抱く。そのような中でも、商店街の人の擁護で、家族のような安心感を抱く。外国人のことを心配してくれる存在であるG住職から永住に向けた支援や励ましを受けている。外国人は自国のレストランを利用しない傾向があるため、商店街訪問の外国人との関係性創出の難しさがあるものの、商店街の外国人同士は、互いの店を行き来する良好な関係性を築いている。
理論記述	・莫大な金銭援助を含め、外国人支援に励むプロジェクト代表に対する恩義を抱いている。／・全体統括者であるプロジェクト代表への協力姿勢を持ち、商店街のイメージ向上に対する高い改革意識を有している。／・御堂の仏像の開眼式では、仏教徒以外の人も含めた様々な国籍の人たちとのボランティア活動を通じた団結が生まれている。／・他宗教の人も参加する仏像や御堂の掃除等の

	<1> テクスト中の注目すべき語句	<2> テクスト中の語句の言いかえ	<3> 左を説明するようなテクスト外の概念	<4> テーマ・構成概念（前後や全体の文脈を考慮して）	<5> 疑問・課題
	アジアンプラザの運営／外国人との共生／仕掛け／契約とか期日とか商店街のルールとかは難しい／Sさん／日本語／サポートに入る	国際的な交流スペースの運営の支援／地域社会と外国人の共生を目的とした方策を練る／カンボジア料理店の日本語サポートをする	異文化交流空間のマネージメント支援／多文化共生を目指した細工の案出／異国店の言語補佐	国際交流プラットフォームの運営サポート／地域住民と外国人との共生を図る仕掛け作りの考案／外国料理店の日本語支援	
	公民館への話／自治会への話／外国人に対するアレルギー／偏見／外国人の多い地区／差別	公民館や自治会で地域住民に説明をする／外国人を差別したり偏見を持っていたりする／外国人が多く住む場所	地元民を対象とした協議会／外国人フォビア／外国人居住地区	地域住民に対する説明会／外国人に対する差別や偏見／外国人居住者の多い地区	

C

番号	発話者	テクスト
1	C	(Q: リトルアジアにはどのように関わっておられますか) 2020年12月オープン前から関わっている。カンボジア料理の立ち上げと運営のサポートに入っていた。1月末に外れて、2月からアジアンプラザの運営に関わっている。地域との連絡係や、生活者としての外国人との共生について、地域に対して何か仕掛けをしていかなければならないと思っています。 (Q: なぜカンボジア料理店の支援に関わっているのですか) Y住職がカンボジア支援で10年以上にわたって、現地の井戸作りや日本語学校の支援などをしていますが、同じように自分も10年間一緒にしている関係性で、この吉塚は前々からお寺でミーティングあったりとか、カンボジア料理店が昔あったので、今ミャンマー料理店のところ、2018年までカンボジア料理店が入っていましたから、3年間くらい。その前は九大前にありました、県庁の。2016年くらいにここに引っ越してきました。一回体調を崩されて、2019年12月に辞められたんです。一旦閉じられました。前に、Y住職のキャンドルナイトの中で、オーナーのSさんとは九大前の頃から知り合いでした。吉塚の補助金が出ることになって、外国の料理を持ってくるってなって、Y住職からカンボジア料理を引っ張って来たいと相談を受け、賛同した。Sさん一人では、生活の日本語はできますが、契約とか期日とか商店街のルールとかは難しいから、私がサポートに入ることになったんです。 (Q:Y住職とはどのように関わっておられますか) 10年前、2011年の3月11日に、シェムリアップで出会いました。ランチを食べていて、カンボジア支援をしたいと思っていて、どこか団体を知りませんかってSさんに聞いた時に、Y住職を紹介してもらって、キャンドルナイトに参加させてもらうことになりました。 (Q:Y住職と一緒に、地域もしくは外国人とこれまでどのように活動されてきましたか) 2年前の2019年から子供キャンドルナイトのイベントで、シャッター街のペイントをしています。地域の日本語学校の外国人の方も一緒に。 (Q: しようと思ったきっかけは何ですか) 子供キャンドルナイトはもっと前からしていたと思いますが、私はその頃東京にいましたのでよく分かっていません。子供キャンドルナイトは、子供のいるメンバーの方が子供と一緒に参加するイベントだったので、私の子供は高校生だったから。担当じゃなかったので、分かりません。 (Q: カンボジアに支援をしようと思ったきっかけは何ですか) 高校生の頃、友達の家にホームステイで外国人が来ていて、一緒に遊んだりしていました。東南アジアの方だったと思いますが、日本は恵まれている国だということを知ったんです。タイミングよく、カンボジアのごみやまや少女買春の特集があって、そのテレビを見たときに、体が震えて、同じ地球の中に生まれた人類で、こんな生き方をしている子供がいるんだと思った経験がありました。その頃、いずれカンボジア支援をしたいと思っていました。そして、子育てが終わって、何十年越しの思いで支援を始めました。そこから、実際にカンボジアに行ったのも、2019年ですが、そこで孤児院を回るようになりました。カンボジア人が日本に来たくて、ブローカーにお金を払ったりしていて、200万円も払っている女の子もいましたし、ブローカーを排除してまともに日本語を勉強している子たちをちゃんとしたルートで受入れたいなと思い、自分で日本語学校と提携して今カンボジア人の子たちを自分の会社に入れているんですが、人材開発部なので、ここの会社に7人紹介金とか無しで直でリクルートしています。Y住職から誘われた時に、外国人の仕事をしているから、ぜひ手伝ってくれないかと言われたんです。トヨタ財団の補助金の申請書を書く中で、自分のやりたいことも見えてきました。
2	C	(Q: 今、リトルアジアでは具体的にどのような取り組みをされていますか) 今はプラザの仕掛けを考えています。「トゥクトゥクでワクワク」という名前で、3月に福岡県の地域貢献サポート事業の補助金に申請して、6月に採択を受けて、50万もらうことになりました。実際に地域に説明をしに行って、公民館への話、自治会への話に時間を要しました。今でも準備段階ですが、9月に第一便目がスタートです。4日間設けています。目的は地域高齢者の支援と外国人食堂、シニア食堂、共生社会ということで。外国人に対するアレルギーがあったり、偏見があったりするんですよね。未だ

	<1> テクスト中の注目すべき語句	<2> テクスト中の語句の言いかえ	<3> 左を説明するようなテクスト外の概念	<4> テーマ・構成概念（前後や全体の文脈を考慮して）	<5> 疑問・課題
	日本語が分からない／ルールが分かっていない／この食堂が上手くいくのかなあって自信もありません／外国人への理解	外国人は日本のルールに従わない／日本語力が低い／日本のルールを理解できない／取り組みに自信を持てない／外国人受入れの姿勢を促す	低スキルの日本語運用能力／外国人に対する思い違い／意思疎通不可／異邦人受容の姿勢を進める	日本語能力の低さで日本の規則が理解不可能であるとの誤解／外国人理解の促進	
	多文化共生／商店街だけでなくて、地域／仕掛け	外国人と日本人との共生／仕掛けを考える	多文化共生を目指した細工の案出	地域住民と外国人との共生を図る仕掛けの考案	
	外国人の飲食店がここに入ってきていること自体／そうで（受入れてい）ない人もいます／どう間をとっていくか／難しい／両方ともこの市場の成功を願っている／集客していきたい／商店の誇り／みんな一緒／色々な相違／歩み寄っていく姿勢が必要／地域の方はあんまり動きません／外国人は地域で一緒に生活している一人なんだ／理解してもらうことが必要	外国料理店が入ってきたこと自体を受入れていない日本人の商店がある／様々に相違がある／間をどう取り持つか／容易ではない／集客することは皆の共通の目的／誇りを持っている／地域社会の方がもっと歩み寄る必要がある／地域社会で共に暮らす一員だと理解してもらう必要がある	海外レストラン参入受容への不承認の日本人／難航する意見の集約／顧客獲得という共通性／自身の店へのプライド／地元人からの折衷／外国人との仲間集団形成への意識の重要性	外国料理店受入れ反対者の存在／バラバラな意見を取りまとめる難しさ／商店街への誇り／集客数増加という共通の目標／地域の日本人側の歩み寄り／外国人を仲間と見る認識変容の必要性	

番号	発話者	テクスト
		にこの地区もそうなんですよ。いくら外国人の多い地区って言っても、じゃあ外国人に慣れているか、外国人を認めているかって言ったら、決してそうじゃなくて、逆に外国人に対して差別や偏見だったりとか、ゴミ問題とかにしてもそうですが、外国人自身に問題があることも否めないですが、多くは偏見がやっぱりあります。
3	C	(Q: どういった偏見ですか) 外国人は自分勝手だ、日本語が分からないからルールが分かっていない、とか。もちろんちゃんと分かってやっている人もいるんですけど、外国人っていうことに対して、この食堂が上手くいくのかなあって自信もありません。ただ、そういった中で、外国人が買い物支援の時に家に持っていってあげるとか、付いて持ってあげるとか、お互いに互助・共助が生まれれば、外国人への理解も少し期待できるんじゃないかなって思っていて、1つ目は買い物支援、2つ目はトゥクトゥクの運行、最後に健康予防体操ということで、高齢者の方がここに来て体操をする。そういったこと、3つのコンセプトでプロジェクトを考えています。地域の方でも、引きこもっている高齢者の方、活動性の減少している高齢者がいます。昔この市場、70年前はものすごく盛んで、120店舗くらい店があったんです。今はこのような状態で、昔は良かったのよと、懐かしんで話してくれるおばあちゃんもいる。足が不自由だから、なかなか市場へは行けなくなったって言われたので、じゃあトゥクトゥクで無料送迎で週に1回だけでも、10時から16時、吉塚地区と東吉塚地区、常に循環していくというのを、こういう乗り物に乗っているだけでも楽しく気分転換になるし、高齢者の方々が活動できて、買い物もできたら市場に来ていただきたいという思いが、1つ目が買い物支援です。2つ目が、共生社会へむけた外国人とシニアの食堂。コロナでテイクアウトとかケータリングになるかもしれませんが。外国人食堂は、このアジアンプラザで一緒に、健康体操も一緒にしながら。手を繋いだりとか考えたりしてるけど。嫌な人は嫌でいいので、強制はせず、買い物に来るだけでもいいし。シニア弁当は500円相当の弁当ですが、個人負担は300円です。外国人も300円です。200円はスポンサーとかから支援をもらいます。 (Q: その外国人はどういった方を想定されていますか) ここにお参りに来ているミャンマー人とか、日本語学校の生徒さんとか、専門学校の留学生とか、そんな方がチラシを見て食べに行きたいとか思っていただけたらと思っています。なかなか平日は学生さんは学校やアルバイトがあるので難しい面はありますが。
4	C	(Q: 多文化共生の対象はどういった方々を考えていますか) 商店街だけではなくて、地域を考えます。外国人は生活者ですから、商店街だけに来るわけではないし、むしろ商店街に来る時間の方が少ないです。他の時間の方がはるかに多いので、ここの市場はきっかけとなればいいなあと思って仕掛けを考えています。商店街の方と、来ている外国人だけではなくて、地域、地区との繋がり。そういうところとの共生ですね。
5	C	(Q: 外国人と日本人が何かする上での難しさはありますか) 商店街については、外国人の飲食店がここに入ってきていること自体を受入れている人もいるし、そうでない人もいます。本当に二極に分かれています。商店街の中でも、やろうよってタイプもいれば、外国人のそういった商店街になるのはちょっとっていうみたいな、商店街の中でもやっぱりあるんですよね。そこをどう間をとっていくかっていうのがすごく難しい。だけど一つ言えるのは、両方ともこの市場の成功を願っているし、お客さんを集客していきたい、自分たちの商店の誇りもある。それはみんな一緒なんですよ。じゃあどこに目を向けたらいいかって言ったら、集客。そこが一つの共通の目的なので、色々な相違がここにあったとしても、最終的な目的が市場への集客だったらっていうことで、トゥクトゥクを持ってきたんですよ。あと、地域の外国人に関しては、日本語学校さんがすごく頑張っているんですよね。地域の夏祭りとか自治会とかに参加したりとか、ゴミ清掃、掃除に参加したりとか。商店街も、地域のJR吉塚駅の掃除やゴミ拾いに参加したりとかされていらっしゃいますから、どちらかが歩み寄っていく姿勢が必要だと思いますが、日本語学校と地域の方で言えば、日本語学校の方が頑張っているし、やはり地域の方はあんまり動きませんよね。地域の企業さんもそうですが、外国人っていうのがどうしても地域に受入れられない方もいらっしゃるので、そういった外国人は地域で一緒に生活している一人なんだよっていうことを理解してもらうことが必要ですよね。

	<1> テクスト中の注目すべき語句	<2> テクスト中の語句の言いかえ	<3> 左を説明するようなテクスト外の概念	<4> テーマ・構成概念（前後や全体の文脈を考慮して）	<5> 疑問・課題
	両方に話をしないといけない／自治会長が２人／考え方もそれぞれ違う	自治会長２人両方に話を通す必要がある／考え方は同じではない	反対する権力者への説得	考えの異なる有力者への協力依頼	
	最終的な結論はＫ会長／会長の心を動かす／地区の住民の声／市場への厳しい意見／自分たちの魅力に気づいていない／もったいない／気づくこと／再生のきっかけ	最高権力を持つＫ会長／地域住民の声がＫ会長を動かす／商店街に対して住民は厳しい意見を持っている／住民が商店街の魅力に気づくことが再生の始まり	絶対的な権力者である／力を有する地域住民の世論／商店街に対する地元民のシビアな見解／地域創生への足掛かり／地元の素晴らしさ再認識	決定権を有するキーパーソン／心を動かす地域住民の声／商店街に対する地域住民の厳しい意見／地域再生の第一歩／地域商店街の魅力の再発見	
	顔馴染みになって／コミュニケーションのきっかけ／外国人に対する偏見／なくしていきたい／外国人は怖い／嫌だ	外国人との関係作り／外国人への偏見をなくす／外国人に恐怖心を持ったり、嫌ったりする	外国人への穿った見方の解消／外国人との良好な関係性の創出／外国人フォビア	外国人に対する偏見の軽減／外国人と地域住民のコミュニケーション創出／外国人への恐怖心や嫌悪感	

番号	発話者	テクスト
6	C	(Q: 商店街の運営に関して、何か難しい点はありますか) この商店街は２つの地域に分かれているんです。こちら側は東、あちら側は吉塚地区。これが全部同じ自治会だったら、一つの自治会との話だけで済むんですよね。アプローチも説明会も。ただ、２つに分かれているために、両方に話をしないといけないんですね。自治会長が２人いますし、考え方もそれぞれ違うんです。アプローチの仕方が難しい。自治会って、母体は独立した組織みたいな感じなので、一方が賛成していても、もう一方が賛成していないとかあったりするので、うまい仕掛けを考えていかなければならない。私は吉塚に住んでいない外野者ですから、なんでそんなに一生懸命になるのか？みたいな感じで言われますし、そう言われているうちはまだまだなんだなって思うんですけど、そこが難しいですね。
7	C	(Q: まとめるキーになる人は誰ですか) 結局最終的な結論はＫ会長なんです。ただ,Ｋ会長の心を動かすのは地区の住民の声だと思うので、やっぱり地域の方々の一人ひとりの意見だと思うんですよね。3月にトゥクトゥクの試乗会をして、23名にアンケートを取りましたが、吉塚市場への期待について厳しい意見もありました。「何の魅力もない」っていう意見だったりとか、物がない、サランラップ一つ買おうとしても売ってないだとか、だったらダイレックスとかマルキョウとか全部が揃うスーパーの方がまだ良いって。ここに来ても全部揃わないから、結局また別店に買い物に行かないといけないとか。だから市場としての魅力に欠けるっていう厳しい意見もありましたし。ただ、私がなぜ吉塚が好きになったかっていうと、ここは本当に昭和の良い匂いがするし、雰囲気とか。残していかないといけない日本の文化だと思うんですよ。ある意味、観光地的な見方で見ているのかもしれません。みなさんにとってはただの商店街、寂れたシャッター街かもしれないけど、外野から来た者からすればとても新鮮で、この昭和がぷんぷんする雰囲気の中の店の構えとかは残していきたい。スケッチ大会とか小学校と企画してもいいのかなあとか、考えています。自分たちの魅力に気づいていないことも難しさの一つだと思います。こんなに素敵な魅力ある商店街なのに、それに気づいていない。もったいない。そこに気づくことができて、発信することができて、そしてこの商店街がもしかしたら再生のきっかけになる日が来るかもしれない。商店街の方々の意識が変わっていくことですよね。もちろん、もう持っていらっしゃる方もいます。 (Q: トゥクトゥクはどのような位置付けになるんですか) トゥクトゥクについては、それ自体は外国人差別などの課題解消にはならないんですが、あくまでも吉塚に住んでいらっしゃる高齢者とか、活動が減少した方が、もっと活性する仕掛けなんですね。来てもらって、外国人と結びついて、その先にあるのが買い物したものを外国人の方がお手伝いしますよって自宅に持っていってくださったりとか、買い物したものを16時以降に全部お届けしますよとか。自転車で外国人の留学生とかがですね。そこで会話が生まれることが最終的な目的ですね。ありがとうという言葉がお互いに出てきたり、会話が生まれることが、コミュニケーションが生まれることがまず一番の難しさなので、それをどう生み出すか、それを仕掛けていかないといけないです。きっかけ作りが難しくて、ただ外国人って良い人なんですよって言っても、市場に興味がないから、その外国人がやっていることも分からない。じゃあ市場に興味を持ってもらう、足を運んでもらうにはどうするかって考えたときに、トゥクトゥクなんですね。
8	C	(Q: 外国人が荷物を運ぶプランについてはどういうふうにするんですか) 市場を応援したいという留学生のサポート連合会みたいなグループを作ってもらって、留学生とかに登録してもらおうと思っています。リトルアジアを支えていきたいっていうサポートメンバーです。留学生はアルバイトは週に28時間までって制限されているじゃないですか、だからここでの活動が特定外活動の時間にプラスして欲しくないので、商品券を500円プレゼントしようと考えています、お礼として。16時以降にみんなに散らばってもらう。一緒に買い物をしてもらって、顔馴染みになってもらって、知ってる外国人がおばあちゃんのところに持っていくって感じです。「今日健康体操楽しかったですね」とか、お届けした時に「ありがとう」という声かけが生まれたらいいなあって考えています。コミュニケーションのきっかけを作って、外国人に対する偏見を少しずつなくしていきたいですね。 (Q: 地域の方から外国人に対する考えを聞いたりしますか) やっぱり、あからさまに外国人は怖いっていうんです。嫌だって言うより、怖いって言います。高齢の方ですね。おそらく犯罪とか、そういったイメージがきっとあるんでしょうけど。怖くないよっていうのを分かってもらわないとダメですよね。

	<1> テクスト中の注目すべき語句	<2> テクスト中の語句の言いかえ	<3> 左を説明するようなテクスト外の概念	<4> テーマ・構成概念（前後や全体の文脈を考慮して）	<5> 疑問・課題
	人材を作っていく／後継者がいなかったり／外国人も毎週の会議に来て／双方の意見／そういった意見が初めて形／共生社会の実現／まだ外国人は、会議に入れていません／組合さん自身が参加できていない方もいらっしゃる／会議に出てこない／嫌だって思っている人／そこが問題	後継者を作っていく／高齢者しかいない／外国人に会議に入ってもらう／外国人の意見を取り入れて初めて共生社会と言える／商店街の話し合いに参加しない／徐々に外国人に関わってもらう／外国人との共生に反対の人の姿勢を変える／問題解決	高齢化と次世代の担い手不足／若手育成／外国人居住者の会議参入／理想として掲げる外国人の関与／地元の協同組合の協力体制	高齢化と後継者不足の問題／若手人材育成／長期的な目標／外国人住民の会議への参加の実現／商店街組合の団結	
	地域住人からの信頼が厚い／長年の関係性／住職が話すこと／耳を傾けて受容／姿勢が違います／商店街利益や商店街活性化のためだけではなく／信念	地域の人たちから信頼されている／長年関係を作っている／住職の話／姿勢が違って住民が受入れる／利益のためではない思いを持つ	地元民からの信頼性／長年の関係性／住職の依頼に対する受容／利潤追求以外への気概	長年にわたって構築された地域住民との関係性／厚い信頼／住職の協力要請に対する受容／利益追求だけではないという信念	

番号	発話者	テクスト
9	C	(Q: 外国人がゴミ出しの仕方等について学ぶ場ってありますか) 日本語学校さんの方でももちろん入学した時にきちんと地域のルールとかを教えているそうです。留学生として受入れたときに。あと、就労者特定技能とか技能実習生については、入国後に生活オリエンテーションを会社が必ず行わなければならないんです。技能実習生は、入国後、1ヶ月間研修センターに缶詰になるんですね、この1ヶ月間でゴミの分別の仕方とかも学びます。ただ、これは地域に関することではないので、地域でもう一回あれば良いと思っています。日本語学校の先生と言っているんです。それをやりたいねって。そこに大きな工場があるんですね、外国人がいっぱい働いている。吉塚駅でバスに乗って工場に行っているんです。ふじ食品とか。技能実習生として研修センターにいるけど、日本全般についてしか学ばなくて、地域のルールは学ばないんですね。ふじ食品に、ここで定期的に技能実習生の教育をしますよって言うことも提案したいねって。このアジアンプラザの外国人プラットフォームとして。やっていきたいねって話しています。いっぱいやることがあります。どういう風に外国人にルールを落とし込んでいこうかとか。ちゃんとやっていますかって聞いてもやっていないところがほとんどなので。特定技能は労働者なので、次の日から働いていいんですね。だから、2週間以内に8時間の生活オリエンテーションをしてくださいって言うのが入管法で決まっています。それを私たちがやりますよって。ゴミの分別の仕方とかを教えてあげられる。地域の生活オリエンテーションをしてあげたいって思っています。 (Q: 最終的なゴールはどのようにイメージされていますか) この商店街の方々が主体となって色々企画していけるような人材を作っていくことです。結構お年寄りの方が多く、後継者がいなかったりします。私たち任せにしないで、私はあくまで仕掛けをする感じで応援したいサポーターなので、ゆくゆくはみなさん自身で主体的に活動できるようにしていきたいなって思っています。そこには外国人も毎週の会議に来てたりとか。会議に入るのも大事ですので。外国人から見た日本人とか、双方の意見っていうのがどういう目で外国人に映っているかとか、自分たちをもっとこういう活用があるのにって自分たちで思っているかもしれないし、そういった意見が初めて形になった時が共生社会の実現だと思います。まだ外国人は会議に入れていません。外国人もそうですが、商店街自体が、組合さん自身が参加できていない方もいらっしゃるので、まずは商店街の組合の団結が必要だと思います。そこに、外国人が手を合わせに来たりとか、頻繁に一番に訪れるようになったら、外国人のボランティアサポート連合会が入りやすいかなあと思うんです。手助けをしてくれるって言ったら、ウェルカムじゃないですか。ただ単に会議に入りたい、言いたいことを言いたいっていうのは、それは受入れられないので、まずはサポーターから外国人の連合会を作って、色々なところで少しずつ入ってもらって、意見を言って、そしたらまたここがエキゾチックなアジアになっていく。外国人が会議に入ってないから、まだ日本的な感じ、静かな閑散としたものだけど、外国人が入ったら、賑やかになるだろうし、昭和の街っていうのももっとクローズアップされやすいかなあって。日本の文化も残しつつ。商店街組合に、カンボジア料理店とか入っていますが、あんまり組合の話し合いがないんですね。役員の話し合いはあるんですけど。役員はリトルアジアの会員ですね。今週、全員の組合さんに声をかけて集めようとしましたが、15組くらいだけですね、集まったのは。トゥクトゥク説明会をしましたが、会議に出てこないですね。嫌だって思っている人は出てこないですね、そこが問題です。古い街並みほど難しいですね、新しい街とかだったらすぐうまくいくかもしれないけど。
10	C	(Q: プロジェクトの主要メンバーの1人が地域のお寺の住職さんであることの良さは何かありますか) 何より地域住人からの信頼が厚いということです。地域ひとりひとりに寄り添ってこられた長年の関係性が功を奏してます。プロジェクトの話でも住職が話すことには耳を傾けて受容。姿勢が違います、それは悟りにさえ聞こえます。もちろん、プロジェクトが「地域みなさんが主体」という心からの想いが住職にあるから伝わるのだと思います。商店街利益や商店街活性化のためだけではなく、地域と共生していきたい、いくという信念があるからだと思います。

	<1> テクスト中の注目すべき語句	<2> テクスト中の語句の言いかえ	<3> 左を説明するようなテクスト外の概念	<4> テーマ・構成概念（前後や全体の文脈を考慮して）	<5> 疑問・課題
	エンターテインメントを持ち合わせてる／新しいものを受入れようとする気持ちの変化／住んでいる地域／魅力溢れるところだったんだ	楽しもうとする気持ちを持つ／地域住民が新しいものを受入れるようになっていっている／地域の魅力に気づき始める	自身も楽しむ言動／異を許容する地元民／地元の素晴らしさ再認識	楽しむ姿勢／地域住民の変化を受容する姿勢／地元の魅力の再発見	
	自治会も協力的になってきて／吉塚御堂世話人会も発足／反リトルアジア／Y住職だから了承／嫌われ住民にあえて接して話をしたり聞いたり／ヘイト／Bくんに暴力振るい／変わってきています	自治会の協力も増える／御堂の運営委員会を立ち上げる／プロジェクトに反対する人もY住職の依頼には応える／嫌われていたり外国人差別をする人にあえて話しかけようとする／外国人差別の姿勢が変わる	自治会の協力体制を得る／地元民の気持ちの変容／御堂の運営の団体が発足／プロジェクトに非協力的な集団／住職の賛同依頼への許容／孤立者などへも分け隔てない姿勢／外国人フォビアの変化	自治会の協力的な姿勢への変化／御堂の運営委員会立ち上げ／プロジェクト反対派／住職の協力要請に対する受容／誰に対しても寄り添う姿勢／外国人差別をする人の意識の変化	

	変容の必要性を抱いている。／・外国人居住者の多い地区であるにもかかわらず、日本語能力の低さで日本の規則が理解不可能であるとの誤解、外国人に対する差別や偏見や外国人への恐怖心や嫌悪感を抱く人が多い。／・外国人と地域住民のコミュニケーション創出を意図し、地域住民と外国人との共生を図る仕掛けの考案をしている。／・外国人に対する偏見の軽減や外国人理解の促進に繋げようとしている。／・高齢化と後継者不足の問題を抱えており、若手人材育成を心がけている。／・商店街に対する地域住民の厳しい意見があり、決定権を有するキーパーソンの心を動かす地域住民の声を大事にしている。／・集客数増加という共通の目標を叶えるためには、商店街への誇りや地元の魅力の再発見が地域再生の第一歩と考えている。／・長期的な目標として捉える外国人住民の会議への参加の実現を果たしたいと思っている。／・地域仏教寺院の住職の、長年にわたって構築された地域住民との関係性と厚い信頼を基礎に、御堂の運営委員会立ち上げをしている。／・利益追求だけではないという信念が伝わって、住職の協力要請に対する受容が生まれている。／・住職の楽しむ姿勢は、地域商店街の魅力の再発見を促し、地域住民の変化を受容する姿勢を生じさせるとともに、自治会の協力的な姿勢への変化も生まれてきている。／・住職の誰に対しても寄り添う姿勢も相まって、プロジェクト反対派や外国人差別をする人の意識の変化が生じている。
さらに追究すべき点・課題	

SCAT（Steps for Coding and Theorization）を使った質的データ分析
2019.3.26
SCAT WEB site からのダウンロードフォーム scatform1.xls
http://www.educa.nagoya-u.ac.jp/~otani/scat/scatform1.xls

番号	発話者	テクスト
11	C	それともう一つ、住職だから誰でもできるわけではなく、エンターテイメントを持ち合わせてるY住職だからこそできると思います。地域住民が、新しいものを受入れようとする気持ちの変化や住んでいる地域が、こんなに魅力溢れるところだったんだと改めて感じ、誇りを持つことに繋がっていると思います。
12	C	(Q: Y住職の思いによって、前向きな人が増えたということでしょうか) そうですね、地域の意識は明らかに変化が見られます。特にトゥクトゥクでは地域協力が必須なので足を運び意見を伺うことが重要です。前向きな人は増え自治会も協力的になってきています。Y住職は吉塚御堂世話人会も発足され、どちらかというとピンポイントで個別にひとりに対してや、1店舗をフォーカスし仕掛けるようなタイプ。私は外堀タイプ。閉店しシャッターが降りている2店舗にシャッターペイントを11月23日に外国人留学生とする企画もあるようですよ。シャッターを閉めているところは反リトルアジアの方もおられるので、この2店舗もY住職だから了承しているのではないかと思います。市場で要注意人物とされてる嫌われ住民にあえて接して話をしたり聞いたり。その方はヘイトと叫びBくんに暴力振い警察を呼んだりしてたこともありますが、Y住職には頭が上がらないようです。寂しいという思いを理解してあげたからY住職には感謝しているようで、変わってきています。ちなみにY住職はご自身でも「火消し屋」と自称されています。Y住職の想いによって前向きになっている人は増えてると思います。

ストーリー・ライン	外国料理店の日本語支援、および国際交流プラットフォームの運営サポート、地域住民と外国人との共生を図る仕掛け作りの考案に注力している。しかし、外国料理店受入れへの反対者の存在や、地域住民に対する説明会や考えの異なる有力者への協力依頼などの際に、バラバラな意見を取りまとめる難しさを抱くとともに、商店街組合の団結、地域の日本人側の歩み寄り、外国人を仲間と見る認識変容の必要性を抱く。また、この地域は外国人居住者の多い地区であるにもかかわらず、日本語能力の低さで日本の規則が理解不可能であるとの誤解、外国人に対する差別や偏見や外国人への恐怖心や嫌悪感を抱く人が多い。それゆえ、外国人と地域住民のコミュニケーション創出を意図し、地域住民と外国人との共生を図る仕掛けの考案をしている。これにより、外国人に対する偏見の軽減や外国人理解の促進に繋げようとしている。その他、高齢化と後継者不足の問題を抱えており、若手人材育成を心がけている。また、商店街に対する地域住民の厳しい意見があり、決定権を有するキーパーソンの心を動かす地域住民の声を大事にしている。集客数増加という共通の目標を叶えるためには、商店街への誇りや地元の魅力の再発見が地域再生の第一歩と考えている。長期的な目標として捉える外国人住民の会議への参加の実現を果たしたいと思っている。地域仏教寺院の住職の、長年にわたって構築された地域住民との関係性と厚い信頼を基礎に、御堂の運営委員会立ち上げをしたり、利益追求だけではないという信念が伝わって、住職の協力要請に対する受容が生まれている。また、住職の楽しむ姿勢は、地域商店街の魅力の再発見を促し、地域住民の変化を需要する姿勢を生じさせるとともに、自治会の協力的な姿勢への変化も生まれてきている。また、住職の誰に対しても寄り添う姿勢も相まって、プロジェクト反対派や外国人差別をする人の意識の変化が生じている。
理論記述	・外国料理店の日本語支援、および国際交流プラットフォームの運営サポート、地域住民と外国人との共生を図る仕掛け作りの考案に注力している。／・外国料理店受入れへの反対者の存在や、地域住民に対する説明会や考えの異なる有力者への協力依頼などの際に、バラバラな意見を取りまとめる難しさを抱く。／・商店街組合の団結、地域の日本人側の歩み寄り、外国人を仲間と見る認識

謝辞

本書は、筆者が執筆した博士学位論文（九州大学大学院地球社会統合科学府）に加筆・修正を加えたものです。博士課程の研究開始から本書刊行までの間、多くの人・団体からご協力を賜りました。心から感謝申し上げます。

本論文を執筆するに当たり、指導教員の松永典子先生（九州大学比較社会文化研究院教授）には、博士課程入学時から修了までの約4年間、コロナ禍で孤独な研究生活が続く中、ひとかたならない手厚いご指導と温かい励ましを賜りました。心より厚く御礼申し上げます。また、本論文は専門分野を跨いだ学際的な研究であるため、学内外の多くの先生方から専門的な知見やご指導を賜りましたが、副指導教員の鏑木政彦先生（九州大学比較社会文化研究院教授）、三隅一百先生（九州大学比較社会文化研究院教授）、杉山あかし先生（九州大学比較社会文化研究院教授）、そして猪瀬優理先生（龍谷大学社会学部教授）には深く感謝を申し上げます。

本研究の調査に貴重なお時間を割いてご協力くださった徳島県吉野川市の国際交流協会会長をはじめ吉野川市日本語教室の講師の皆様、北九州市の永明寺ご住職様及び坊守様、福岡市の西林寺ご住職様及び坊守様、吉塚商店街の皆様、ベトナム人仏教徒の皆様のおかげで、本調査が実現できました。皆様の協力がなかったら、データ収集を骨幹とするこの研究は実現しませんでした。この場をお借りして、御礼申し上げます。

筆者が博士課程の期間中に勤務しておりました、福山大学、徳島大学、北九州市立大学の皆様にお礼を申し上げます。多忙を極める中で業務量を調整してくださったものと存じます。また、研究を応援してくださった多くの恩師や東迎寺関係者の皆様、そしていつも陰ながら支えてくれた両親に心より御礼申し上げます。研究に対する思いを尊重し、温かく見守ってくださったおかげで、前に進むことができました。

九州大学大学院地球社会統合科学府の松永ゼミの皆様には、コロナ禍で遠隔での交流が続きましたが、ゼミで発表をした際には本研究に対する率直なご意見やご助言をいただきました。コロナ禍で徳島県で生活しながらの執筆だったため、大変心細い研究生活が続いていましたが、オンラインでゼミの皆様と切磋琢磨できたおかげでこの研究をここまで進めることができました。心より感謝申し上げます。

本博士学位論文の出版をお引き受け頂いた株式会社明石書店の大江道雅社長にお礼申し上げます。また明石書店にご推薦いただいた須藤廣先生（北九州市立大学名誉教授）、本書の帯に推薦文を書いて下さった「宗教と社会」学会の元会長の三木英先生（相愛大学客員教授）にお礼申し上げます。本書は筆者にとって初めての出版経験でありましたが、出版まで伴走してくださった編集者の森富士夫様は、筆者が気づかない点までご指摘くださり大変ありがたい存在でした。

最後になりますが、本書は「２０２４年度北九州市立大学学長選考型研究費Ｂ」の助成を受けて実現いたしました。この補助金を得られたことは、筆者にとって大きな助けとなりました。

このように、多くの方に支えられて本論文が完成いたしました。改めて、ご指導やご協力をくださった方々に重ねて深く御礼を申し上げますとともに、この貴いご縁に感謝を致します。

２０２５年３月

清藤隆春

索　引

〈著者紹介〉

清藤隆春（きよふじ　りゅうしゅん）

1982年、福岡県出まれ。博士（学術）。専門は宗教社会学。現在、北九州市立大学国際教育交流センター准教授。浄土真宗本願寺派東迎寺副住職。

2005年、早稲田大学第一文学部卒業。日本およびシンガポールで高校教員を務めた後に渡英し、2017年ロンドン大学大学院SOASで修士号（社会人類学）を取得。帰国後、徳島大学特任助教などを経て2022年に現職に就くとともに、九州大学大学院地球社会統合科学府で博士号（学術）を取得する。

お寺でつながる多文化共生

——在日ベトナム人の信仰と地域との関わり

2025年4月1日　初版第1刷発行

著　者　清藤隆春

発行者　大江道雅

発行所　株式会社　明石書店

〒101-0021　東京都千代田区外神田6-9-5

電　話　（03）5818-1171

FAX　（03）5818-1174

振　替　00100-7-24505

https://www.akashi.co.jp

装　丁　清水肇（prigraphics）

印　刷　株式会社文化カラー印刷

製　本　本間製本株式会社

（定価はカバーに表示してあります）　ISBN978-4-7503-5913-7